THÉÂTRE DE L'OPÉRA-COMIQUE

GIRALDA

OU

LA NOUVELLE PSYCHÉ

OPÉRA-COMIQUE EN TROIS ACTES

Paroles de M. Eugène SCRIBE

Musique de M. Adolphe ADAM, de l'Institut

Mise en scène de M. MOCKER

Représenté pour la première fois, à Paris, sur le théâtre national de l'Opéra-Comique, le 20 juillet 1850.

PRIX : 1 FRANC.

Paris
BECK, LIBRAIRE
RUE DES GRANDS-AUGUSTINS, 20
TRESSE, successeur de J.-N. BARBA, Palais-National.

1850

GIRALDA
ou
LA NOUVELLE PSYCHÉ

OPÉRA-COMIQUE EN TROIS ACTES

Paroles de M. Eugène SCRIBE

Musique de M. Adolphe ADAM, de l'Institut

Mise en scène de M. MOCKER

Représenté pour la première fois, à Paris, sur le théâtre national de l'OPÉRA-COMIQUE, le 20 Juillet 1850.

PERSONNAGES.	ACTEURS.
LA REINE D'ESPAGNE..	Mlle MEYER.
LE PRINCE D'ARAGON, son mari.................................	MM. BUSSINE.
GINÈS PERÈS, meunier...	SAINTE-FOY.
GIRALDA, sa fiancée	Mlle FÉLIX MIOLAN.
DON JAPHET D'ATOCHA, premier menin de la reine...........	MM. RICQUIER.
DON MANOEL, jeune seigneur de la cour......................	AUDRAN.
UN AFFIDÉ DU SAINT-OFFICE.................................	ADOLPHE.
UN DOMESTIQUE..	LEJEUNE.
UNE DAME D'HONNEUR...	Mlle MARIE.

Pages, Dames et Seigneurs de la cour, Garçons et jeunes Filles du village.

La scène se passe dans la province de Galicée, aux deux premiers actes, dans un petit village, aux environs de Saint-Jacques de Compostelle; au troisième, dans le palais de la reine, à Compostelle.

NOTA. — La mise en scène exacte de cet ouvrage est transcrite par M. L. PALIANTI.

ACTE PREMIER.

Le théâtre représente à gauche une ferme vue à l'extérieur; en face, à droite une grange; au fond une campagne agréable, traversée par la rivière de la Tambra. On aperçoit au loin la ville de Saint-Jacques de Compostelle et sa cathédrale. A gauche, l'entrée de la ferme avec une grande porte, au dessus de laquelle se trouve une lucarne; au troisième plan, à droite, un chemin qui descend et conduit à la chapelle.

SCÈNE PREMIÈRE.

(Au lever du rideau, des garçons et des jeunes filles, venant de la droite, traversant le hangar, s'arrêtent à gauche devant la porte de la ferme; les garçons portent des mandolines, les filles des castagnettes, et une sérénade commence.)

CHOEUR.

Et plaisir et joie,
Qu'ici l'on déploie
Mantille de soie!
Venez et riez,
Garçons et fillettes,
Oui, des chants de fêtes

Et des castagnettes
Pour les mariés.

GINÈS, sortant de la ferme.

Eh! par saint Jacques, quel tapage!

CHOEUR.

Pour fêter votre mariage
Nous accourons et rien n'est prêt.

GINÈS, avec colère.

Mon habit même n'est pas fait!

CHOEUR.

Pauvre Ginès!

GINÈS.

Ah! c'est atroce!

J'attends vainement le tailleur,
Et n'ai pas, le jour de mes noces
Cesse de me mettre en fureur !
Cela peut me porter malheur !
CHOEUR.
C'est certain ! mais malgré votre mauvaise humeur,
Avec nous gaîment souriez
Et vouez !
TOUT LE CHOEUR ET GINÈS.
Et plaisir et joie, etc.
GINÈS, qui a regardé au fond.
Ah ! je le vois enfin !

CHOEUR.
Qui !
GINÈS.
Ce scélérat d'homme,
Ce coquin de tailleur !... il faut que je l'assomme !
TOUS.
Y pensez-vous ?
GINÈS.
Eh ! oui, vraiment,
Ce sera d'aujourd'hui mon premier agrément.
(Au tailleur.)
Mon habit ! mon habit !
(Le tailleur l'a déployé et le montre avec satisfaction.)

CHOEUR.
Ah ! qu'il est élégant !
GINÈS.
Vous trouvez ?
TOUS.
Il est charmant !
GINÈS.

PREMIER COUPLET.
O mon habit de mariage,
Que te voilà frais et coquet ;
Que de rubans, quel beau bouquet !
Quand depuis ce matin j'enrage,
Sous tes plis, fais qu'enfin mon cœur
Ne batte plus que de bonheur,
O mon habit de mariage !

DEUXIÈME COUPLET.
O bel habit de mariage !
Plus d'un époux t'a revêtu,
Lequel, plus tard, t'en a voulu.
Puissé-je, un jour, en mon ménage,
Ne pas maudire, époux vexé,
Le jour où je t'aurai passé,
Mon bel habit de mariage !

SCÈNE II.
Les mêmes, GIRALDA, en costume de mariée, sortant de la ferme en rêvant.

CHOEUR DE JEUNES FILLES, la regardant.
Ah ! c'est la fiancée !... elle baisse les yeux !
Oui, malgré son bonheur, elle a l'air peu joyeux.

GIRALDA, à elle-même.
Rêve heureux du jeune âge,
Avenir sans nuage,
Jour d'hymen dont l'image
Faisait battre mon cœur !
Quand pour moi tu vas luire,
Ah ! je tremble et soupire.
(Regardant Ginès.)
Il vaut mieux tout lui dire
Que mourir de douleur !
(Aux jeunes filles et aux jeunes garçons.)
Allez tous à la ferme, allez vous rafraîchir.
(Bas, à Ginès.)
Je voudrais bien, seigneur, vous parler...
GINÈS, à part.
O plaisir !

CHOEUR.
Allons nous rafraîchir,
Et livrons-nous au plaisir !
Garçons et fillettes
Ont des castagnettes, etc.

(Ils entrent tous dans la ferme, à gauche.)

SCÈNE III.
GINÈS, GIRALDA.

GINÈS.
Eh bien ! ma petite femme, vous avez l'air bien ému !.. nous voilà seuls... Que voulez-vous me dire à moi, en particulier ?
GIRALDA.
Ecoutez-moi, seigneur Ginès !.. Nicolo Almedo le fermier, qui m'a recueillie et élevée, veut absolument me marier, moi, pauvre orpheline, à vous, seigneur Ginès Pérès, parce que vous êtes son voisin et un habile meunier !
GINÈS, riant.
Et c'est ce soir, à minuit, qu'on nous marie, là, dans la chapelle... et j'ai déjà reçu la dot... trois cents ducats... ils sont là... (Frappant sur son gousset.) On les entend... et tout ça, grâce au ciel ! fait que les choses sont bien avancées !
GIRALDA.
Et cependant Nicolo Almedo vous a laissé ignorer des circonstances qu'il faut que vous sachiez !
GINÈS.
Lesquelles ?
GIRALDA.
C'est qu'il y a du risque à m'épouser !
GINÈS, effrayé.
Ah !
GIRALDA.
Oui... d'abord, mon père était un gentilhomme.
GINÈS.
Ça ne m'effraie pas !
GIRALDA.
Qui, lors de nos guerres civiles, a été proscrit, exilé.

ACTE I, SCÈNE III.

GINÈS.
Lui!.. mais non... pas vous!
GIRALDA.
Tous ses biens confisqués!
GINÈS.
Ça, c'est indigne... mais enfin, il vous reste une dot de trois cents ducats!
GIRALDA.
C'est bien peu!
GINÈS.
C'est superbe dans le pays!
GIRALDA.
Vous trouvez?
GINÈS.
Il n'y a pas mieux... (A part.) Sans cela!..
GIRALDA.
Eh bien! puisque tout cela vous est indifférent, j'ai une autre objection, bien plus forte, dont je n'osais vous parler!
GINÈS.
Et quelle est-elle?

DUO.

GINÈS, regardant Giralda.
Faut-il donc vous aider, ma chère,
Et deviner votre embarras,
C'est que vous m'aimez!...
GIRALDA, baissant les yeux.
Au contraire,
C'est que je ne vous aime pas!
GINÈS, stupéfait.
Vous!
GIRALDA.
Moi!
GINÈS.
C'est impossible!
De moi vous voulez vous jouer!
GIRALDA.
Non, c'est là ce secret terrible
Que je n'osais vous confier!
GINÈS, avec désespoir.
Et mon habit que j'ai fait faire,
Mon logis que j'ai préparé!...
GIRALDA.
Par vous, maintenant, je l'espère,
Un tel lien sera brisé!
GINÈS.
Par moi!
GIRALDA.
Par vous.
GINÈS.
Non!
GIRALDA, étonnée.
Comment! non!
GINÈS, avec fureur.
Non! non! non! j'en perdrai la raison!

ENSEMBLE.

GINÈS.
N'espérez pas que de mon âme
S... à jour... pareille drame,
Non, non, vous avez trop d'appas
Et vous avez trois cents ducats!...
GIRALDA.
Ah! c'est indigne! c'est infâme!
Il veut encor m'avoir pour femme,
Son amour qui ne s'éteint pas
Ne voit, hélas! que mes ducats!...
GIRALDA.
Pour calmer un pareil délire,
Et pour éteindre votre ardeur,
Un tel aveu devrait suffire,
Je vois quelle était mon erreur!
GINÈS.
Eh bien! donc!
GIRALDA.
S'il faut vous le dire,
Un autre possède mon cœur!
GINÈS.
A vous?
GIRALDA.
A moi!
GINÈS.
C'est impossible!
C'est une ruse, je le vois!
GIRALDA.
Non, c'est là le secret terrible
Que je confie à votre foi.
GINÈS, avec désespoir.
Et le contrat que j'ai fait faire!
Le curé que j'ai prévenu!
GIRALDA.
Par vous, maintenant, je l'espère,
Un tel lien sera rompu.
GINÈS.
Par moi?
GIRALDA.
Par vous!
GINÈS.
Non!
GIRALDA.
Comment! non!
GINÈS.
Non! non! non! j'en perdrai la raison!

ENSEMBLE, REPRISE.

GINÈS.
N'espérez pas que de mon âme, etc.
GIRALDA.
Ah! c'est indigne! c'est infâme, etc.

STRETTE DU DUO.

GINÈS.
Oui, j'épouse, j'épouse!
Mon âme est peu jalouse,
Et mon cœur,
Sans frayeur,
Rit d'un tour imposteur.
Oui, j'insiste
Et persiste,
Et du sort le plus triste,

Bon époux,
Sans courroux,
Je braverai les coups!
GIRALDA.
Il m'épouse, il m'épouse,
Son âme peu jalouse,
Sans frayeur,
Voit mon cœur
Brûler d'une autre ardeur!
Il insiste,
Il persiste.
A mon tour, je résiste,
Et pour vous,
Noble époux,
Du sort craignez les coups!
(Avec résolution.)
Tremblez, Monsieur, tremblez, hélas!
Car je suis méchante et colère,
J'ai le plus mauvais caractère...
GINÈS, l'interrompant.
Mais vous avez trois cents ducats!

ENSEMBLE, REPRISE.

GINÈS.
Oui, j'épouse, j'épouse, etc.
GIRALDA.
Il m'épouse, il m'épouse, etc.

GIRALDA.
Quoi! Monsieur, de pareilles considérations ne vous arrêtent pas?
GINÈS.
Non! parce qu'il m'est aisé de voir que vous voulez seulement m'effrayer... et que rien de tout cela n'est vrai... d'abord, vous n'avez pas d'amoureux...
GIRALDA, avec colère.
Je n'en ai pas!
GINÈS.
On le saurait dans le village!.. ça se sait toujours... même quand ça n'est pas!.. ainsi, à plus forte raison!
GIRALDA.
Mais quand je vous atteste, moi, que j'en ai un!
GINÈS.
C'est de la vanterie... vous êtes trop sage, trop honnête... vous avez trop de vertu!
GIRALDA.
Moi!
GINÈS.
Si vous n'y croyez pas, vous ne pouvez pas empêcher les autres... moi, j'y crois... j'en mets à la main au feu!
GIRALDA.
Ah! c'est à vous faire enrager!
GINÈS.
Eh bien! cet amoureux, quel est-il? il n'y en a pas dans le village... je suis le seul, c'est ce qui fait ma force.
GIRALDA.
Il n'est pas du pays!

GINÈS.
D'où est-il, donc?
GIRALDA.
Je l'ignore!
GINÈS.
Quel est-il?
GIRALDA.
Je n'en sais rien!
GINÈS.
Et son nom?
GIRALDA.
Il ne me l'a pas dit!
GINÈS.
Mais sa figure du moins!
GIRALDA.
Je ne l'ai jamais vu!
GINÈS, riant.
Ah! ah! ah! voilà qui est joli... vous voyez bien que vous vous moquez de moi!
GIRALDA.
Non! car je l'aime, et n'aimerai jamais que lui.
GINÈS.
Je vous défie de me persuader cela!
GIRALDA.
Eh bien donc! si pour vous convaincre... il faut tout vous raconter!
GINÈS.
Vous me ferez plaisir!
GIRALDA.
Vous savez que c'est moi qui suis chargée de vendre les produits de la ferme?
GINÈS.
Je ne dis pas non!
GIRALDA.
Que je pars tous les mercredis soirs afin d'arriver le lendemain, au point du jour, au marché de Santiago?
GINÈS.
C'est la vérité.
GIRALDA.
Qu'il faut traverser, à la nuit, un bois de sycomores qui a un quart de lieue à peu près?
GINÈS.
C'est possible!.. je ne dirai pas au juste.. car volontiers j'évite d'y passer!
GIRALDA.
Il ne m'y était jamais rien arrivé... excepté il y a trois mois... le temps était couvert, la nuit très-sombre... je distinguais les pas de gens qui me suivaient, pour m'effrayer, pour me voler peut-être...
GINÈS.
Pour le moins!
GIRALDA.
En ce moment, je crus entendre dans le taillis le galop lointain d'un cheval... je me mis à crier: A moi! au secours!.. Tais-toi, dirent ces vilaines gens, en m'entourant... tais-toi!.. Moi, de crier plus fort!.. et quelques instants après, arrivait

sur nous, comme la foudre, un cavalier dont je ne pouvais voir les traits, mais dont j'entendais la voix menaçante... tous avaient disparu... et le jeune homme, c'en était un, j'en suis sûre!.. s'était élancé près de moi, à moitié évanouie de frayeur... J'étais si faible, que je n'aurais jamais pu arriver à Santiago... il m'assit alors devant lui, sur son cheval, lui, couvert de son grand chapeau rabattu et m'écoutant... moi, lui disant qui j'étais... mon nom, ma naissance. Déjà nous étions aux portes de la ville, et il faisait jour à peine... il me déposa à terre et me dit : Adieu!.. Ce fut là notre première rencontre!

GINÈS.
Votre première?.. il y en a donc eu d'autres?..

GIRALDA.
Certainement!.. le mercredi suivant et chaque semaine.

GINÈS.
C'est donc ça que vous ne manquiez jamais le marché!

GIRALDA.
Je le trouvais toujours à la nuit à l'entrée de ce bois qu'il ne voulait plus me laisser traverser sans guide... mais il me quittait toujours un peu avant la sortie de la forêt... et tout le long de la route, tout ce qu'il me disait avait tant de charme!... mais tout cela sans me dire son nom et sans me laisser voir ses traits!

GINÈS.
C'est qu'il est laid!

GIRALDA, *vivement*.
Oh! non! j'en suis certaine!... et maintenant comprenez-vous enfin que j'aime quelqu'un... et que... ce n'est pas vous!

GINÈS.
Ce n'est pas moi!.. c'est possible!.. mais moi je ne me cache pas... on me connaît, on me voit!..

GIRALDA, *rentrant vivement dans la ferme*.
Par malheur!

GINÈS.
Comment! par malheur!.. (*Se retournant vers don Japhet qui entre au fond.*) Hein! qui vient là!

SCÈNE IV.

GINÈS, DON JAPHET, *précédé de quelques habitants du village.*

DON JAPHET, *aux jeunes gens qui le précèdent.*
Allez toujours... allez donc... Informez-vous... voyez si dans ce misérable village on pourrait trouver des logements pour les gens de la suite... (*A Ginès.*) Avance ici, imbécile!

GINÈS, *se rengorgeant.*
Un grand seigneur qui me connaît!

DON JAPHET.
Es-tu de ce pays?..

GINÈS.
Je suis d'une demi-lieue d'ici... Ginès, le meunier... pour vous servir!

DON JAPHET.
Dis-moi alors, cette maison, la plus belle, non, la moins laide de l'endroit, à qui appartient-elle?..

GINÈS.
A Nicolo Almedo, le fermier... mon futur beau-père.

DON JAPHET.
Ah! tu te maries!... Et lui aussi!.. Je ne m'étais pas trompé... un imbécile!

GINÈS.
Monseigneur est marié!

DON JAPHET, *brusquement.*
Du tout!.. Préviens Nicolo Almedo, ton beau-père, que je mets en réquisition pour cette nuit sa maison tout entière!

GINÈS.
Et nous autres?..

DON JAPHET, *d'un ton d'autorité.*
Vous en sortirez!

GINÈS.
Le jour de mes noces!.. Encore faut-il que moi et ma femme!..

DON JAPHET.
Silence!

GINÈS.
Nous logions quelque part... et je me dis...

DON JAPHET.
Ça ne te regarde pas!

GINÈS.
Et qui donc cela regarde-t-il?..

DON JAPHET.
Moi, don Japhet d'Atocha, premier menin de la reine, chargé de préparer les logements de Leurs Majestés!

GINÈS.
Est-il possible!.. Le roi et la reine...

DON JAPHET.
Ont décidé qu'ils ne feraient que demain leur entrée à Saint-Jacques de Compostelle, et qu'ils s'arrêteraient ici ce soir.

GINÈS.
Pour me prendre ma chambre nuptiale!

DON JAPHET.
C'est trop d'honneur pour toi!

GINÈS.
Un honneur bien désagréable!.. mais quand une fois le guignon s'attache à un mariage...

DON JAPHET.
Il ne le quitte plus... au contraire!

GINÈS, *naïvement.*
Monseigneur est marié?

DON JAPHET, *vivement.*
Je t'ai déjà dit que non!... je suis garçon... je le serai toujours!

GINÈS.
Ça ne m'étonne pas... Monseigneur a l'air d'avoir trop d'esprit!..

DON JAPHET, avec satisfaction.
C'est bien !

GINÈS.
Avec son âge et sa tournure... songer à...

DON JAPHET.
Qu'est-ce à dire?..

GINÈS.
C'est un compliment que je me permets... parce que nous autres paysans galiciens...

DON JAPHET, avec impatience.
Eh bien ?

GINÈS.
Nous ne sommes pas bêtes !

DON JAPHET.
Il ne se croit pas bête !.. Conçoit-on un aveuglement pareil !.. Va-t-en ! va-t-en prévenir ton beau-père et tout disposer!..

GINÈS.
Oui, Monseigneur! (Il entre vivement dans la ferme à gauche.)

SCÈNE V.

DON JAPHET, seul.

J'ai vu le moment où, en causant avec ce rustre, ce butor, j'allais me trahir... C'est inconcevable, dès qu'on me parle mariage, je perds toute ma présence d'esprit : la tête n'y est plus... Allons ne pensons plus à cela et occupons-nous de nos logements. (Tirant un livre de sa poche.) Voyons combien il nous faut d'appartements... chambre du roi, chambre de la reine... et les demoiselles d'honneur, et les premiers gentilshommes... je ne pourrai jamais placer tout ce monde-là ensemble... séparément !

SCÈNE VI.

DON JAPHET, assis à droite et écrivant, DON MANOEL, entrant par le fond, à droite.

DON MANOEL, à part.
Elle n'est pas venue hier! elle n'a pas traversé la forêt... voilà huit jours que je ne l'ai vue... quelque accident la retiendrait-il ?.. Voici la ferme de Nicolo Almedo... personne ne m'y connaît... et je puis, sous le premier prétexte.. (Il se trouve face à face avec don Manoël qui se lève.)

DON JAPHET, poussant un cri de surprise.
Don Manoël!

DON MANOEL, à part.
Malédiction !.. don Japhet d'Atocha !.. il m'a reconnu !

DON JAPHET.
Vous venez au-devant de Leurs Majestés!

DON MANOEL, vivement.
Vous l'avez dit !

DON JAPHET.
Zèle inutile !.. la cour n'arrivera que demain à Santiago, dont vous êtes le gouverneur... La reine veut s'arrêter ce soir à Noya et faire ses dévotions au caveau de Saint-Jacques-le-Majeur... car notre jeune reine qui, contre l'avis de son conseil et le mien, a voulu élever jusqu'à elle le prince d'Aragon, son cousin, notre reine, dis-je, brille par sa dévotion et ses vertus ainsi que son mari...

DON MANOEL.
Par ses folies!

DON JAPHET.
Ce n'est pas moi qui l'ai dit !

DON MANOEL.
Mais vous le pensez !.. Prince charmant qui n'a qu'un défaut...

DON JAPHET.
Celui d'aimer toutes les femmes!

DON MANOEL.
Donc il aime la sienne... et ne penserait qu'à elle, j'en suis sûr... si, moins sévère, moins défiante, moins jalouse peut-être...

DON JAPHET.
A qui le dites-vous !.. Sa Majesté m'avait chargé, moi, premier gentilhomme de la chambre, d'espionner son auguste époux... fonctions honorables, qui pourraient me coûter cher...

DON MANOEL.
Comment cela ?

DON JAPHET.
C'est à ce sujet que j'aurais besoin de votre crédit, à vous, don Manoël, qui en avez tant !..

DON MANOEL.
Moi, fils d'un connétable rebelle et coupable de lèse-majesté... moi qui, condamné dès l'enfance, n'ai dû ma liberté qu'à la clémence de la reine... et à des conditions...

DON JAPHET.
Que chacun envie !.. Favori du roi et de la reine, vous pouvez me défendre, me sauver...

DON MANOEL.
Vous, monsieur le duc ?..

DON JAPHET.
La reine, comme je vous le disais, m'avait ordonné de surveiller exactement toutes les démarches de son mari, lequel s'est aperçu de la chose, et a dit tout haut, devant des personnes qui me l'ont rapporté : « Ah ! ah ! don Japhet se mêle de mon ménage ! C'est bien ! S'il se marie jamais, je me mêlerai du sien et me vengerai sur sa femme ! je le jure ! »

DON MANOEL.
En vérité !

DON JAPHET.
Or en ce moment je voudrais..

ACTE I SCÈNE VIII.

DON MANOEL.

Vous marier!..

DON JAPHET.

Hélas! non... c'est déjà fait.

DON MANOEL, *avec étonnement*.

Est-il possible!..

DON JAPHET.

La fille d'un vieil hidalgo... Rosine de Pontevedra, que j'ai épousée en province et en secret, vu les projets de vengeance du roi, qui n'est pas homme à y renoncer... au contraire!.. le hasard lui a fait rencontrer Rosine de Pontevedra..., et, soit fatalité, soit instinct... il l'a trouvée...

DON MANOEL.

Charmante!

DON JAPHET.

Ravissante... sans se douter qu'elle était ma femme... Jugez, s'il le savait... C'est à faire frémir!..

DON MANOEL.

Vous avez raison!

DON JAPHET.

Cela peut avoir les suites les plus graves... et si vous voulez, seulement dans mon intérêt, éveiller l'attention de la reine sur les assiduités de son mari, je serais tranquille... la jalousie de Sa Majesté serait la sauvegarde de mon honneur... Mais, pardon! c'est là, dans la ferme de Nicolo Almedo, que Leurs Majestés doivent s'arrêter cette nuit!..

DON MANOEL, *vivement*.

Cette nuit!..

DON JAPHET

Je vais m'occuper de leurs logements, et nous reprendrons plus tard, si vous le voulez bien, cette question toute palpitante d'émotions et de dangers!

DON MANOEL.

Très-bien, très-bien! que je ne vous retienne pas!.. (*Don Japhet entre dans la ferme, à gauche.*)

SCÈNE VII.

DON MANOEL, *seul*.

RÉCITATIF.

Quoi! le roi passerait la nuit dans cet asile!
Et si ma Giralda vient s'offrir à ses yeux...
Tremblons!.. Roi connaisseur et séducteur habile,
Il voudrait me ravir ce trésor précieux.

CANTABILE.

O premiers rêves de la vie,
Charme heureux des amours discrets!
Tout nous rapproche, tout nous lie,
Tout nous enchaîne pour jamais.

CAVATINE.

O fleur printannière!
Rose qui m'est chère,
Et dans le mystère
Eclose pour moi!
Si fraîche et si tendre,
Toi, qu'on peut surprendre,
Sachons te défendre
Même contre un roi.
Que l'orage qui me menace
Ne puisse jamais t'effleurer.
Pour la soustraire à ma disgrâce
Protégeons-la sans nous montrer.
O fleur printannière!
Rose, etc.

(*Pendant cet air la nuit est venue tout à fait. On entend des cris bruyants dans la ferme, à gauche.*)

DON MANOEL.

Eh! mon Dieu! d'où viennent ces joyeuses acclamations?.. Leurs Majestés pourtant ne sont pas encore arrivées!

SCÈNE VIII.

GINÈS, *sortant de la ferme, en habit de marié, le bouquet au côté, couvert d'un feutre gris, avec plumes blanche et rouge, et enveloppé d'un large manteau*, DON MANOEL, *qui, à l'entrée de Ginès, a remonté le théâtre.*

GINÈS, *à la cantonade*.

Oui, riez! riez!.. ça n'est pas gai!... tout semble conjuré contre moi!

DON MANOEL.

Un pauvre diable qui se plaint... Qu'y a-t-il donc, mon garçon?

GINÈS.

Autant que la nuit me permet de distinguer, encore un seigneur... et nous en avons déjà assez comme ça!

DON MANOEL.

En vérité!

GINÈS, *de mauvaise humeur*.

Oui, sans doute... Je suis meunier, Monsieur... un meunier qui se marie, Monsieur!..

DON MANOEL, *à part*.

Une noce dans le village!.. Tant mieux, Giralda y sera!

GINÈS.

Et on me prend ma chambre et celle de ma femme, Monsieur, pour loger le roi et la reine, Monsieur.

DON MANOEL.

Voilà en effet qui est fâcheux!

GINÈS.

Passe encore si on ne me prenait que ça!.. car aussitôt la bénédiction j'emmène ma femme à mon moulin, le moulin de Tambra, dont j'ai la clé sur moi... mais on me prend encore...

DON MANOEL.

Quoi donc?

GINÈS.

Le curé qui devait nous marier!.. le vieux Gregorio, qui vient avec son clergé de partir au-devant de la reine... Il ne reste que le petit vicaire, pas autre chose, le père Angelo!

DON MANOEL.

Qui est ici depuis un mois!

GINÈS.

Vous le connaissez?..

DON MANOEL.

Un ami!.. (*A part.*) C'est moi qui l'ai fait nommer!

GINÈS.

Et au lieu de la grande chapelle, la plus belle, la seule de l'église, que l'on réserve pour les dévotions de la reine, ils vont nous marier dans un petit caveau où l'on n'y voit goutte... et vu que la fabrique n'est pas généreuse, c'est tout au plus si on nous accordera un cierge pour tout luminaire.

DON MANOEL.

Qu'importe! si tu aimes, si tu es aimé!

GINÈS.

oilà encore qui n'est pas des plus clairs... et Giralda...

DON MANOEL, *vivement*

Giralda!.. c'est Giralda que tu épouses... qui consent à t'épouser?..

GINÈS.

Elle! Pas du tout!.. Et si ce n'était le fermier Almedo, son père, à qui elle n'ose résister... elle dirait : non!.. mais, vu qu'elle a une dot, moi je dis : oui.

DON MANOEL, *à part.*

Quelle horreur!.. Ah! quoi qu'il arrive, sauvons-la d'abord, et nous verrons après!.. (*Haut.*) Écoute-moi!..

DUO.

C'est dans l'église du village

GINÈS.

Qu'on va nous bénir à l'instant.

DON MANOEL.

Et l'on t'apporte en mariage

GINÈS.

Trois cents ducats, argent comptant.
Cela m'a décidé...

DON MANOEL, *à part.*
Qu'entends-je!

(*A Ginès.*)
Je t'en offre le double.

GINÈS, *stupéfait.*
Vous!..

DON MANOEL.
Si tu me cèdes en échange,

Ta place et ton titre d'époux.

GINÈS.

Qu'entends-je!.. O ciel! c'est diabolique.

DON MANOEL.

Eh! non, vraiment, c'est sans réplique.
En échange de ce chapeau,
De ce bouquet, de ce manteau,
(*Faisant sonner une bourse qu'il tire de sa poche.*)
Tiens, tiens... six cents ducats en or, par moi donnés.

GINÈS.

En or!..
(*Se frottant l'oreille.*)
Six cents!.. c'est trois cents de gagnés.

ENSEMBLE.

GINÈS, *à part.*

Voyons, examinons,
Avec soin calculons...
Fillette jeune et fraîche,
Mais fière et pie-grièche,
Qui me déteste, hélas!
Et qui ne m'aime pas;
Plus, une forte somme
Que m'offre un galant homme,
Pour m'acheter ici
Mon titre de mari!..
C'est de moins une femme
Et de plus des écus,
Non, sans crainte de blâme,
Non, je n'hésite plus.
C'est convenu,
C'est résolu,
Marché conclu.

DON MANOEL, *à Ginès.*

Voyons et calculons,
Ensemble raisonnons...
Fillette jeune et fraîche
Mais tant soit peu revêche,
Qui te déteste, hélas!
Et que tu n'aimes pas;
Plus une forte somme
Que t'offre un galant homme,
Pour t'acheter ici
Ton titre de mari.
C'est de moins une femme
Et de plus des écus;
Va, sans craindre le blâme,
Crois-moi, n'hésite plus.
C'est convenu,
C'est résolu,
C'est convenu.
(*A la fin de l'ensemble, Ginès remet à don Manoël son chapeau, son bouquet et son manteau.*)

DON MANOEL, *prêt à lui donner la somme.*
Tu ne trahiras pas un mot de ce marché.

GINÈS.
C'est dit.

DON MANOEL.
Jusqu'à demain tu te tiendras caché.

GINÈS.
C'est dit.

DON MANOEL.
Tandis que moi, d'après la foi promise

Sous ce déguisement que la nuit favorise,
Je conduirai ce soir ta future à l'autel.
GINÈS, *se récriant.*
Permettez...
DON MANOEL.
Et de plus, c'est l'essentiel,
Tu vas, me confiant toute ta destinée,
Me remettre à l'instant la clé de ton moulin.
GINÈS, *de même.*
La clé de mon moulin !..
DON MANOEL.
Après notre hyménée,
C'est tout simple...
GINÈS.
Pourtant...
DON MANOEL.
Je le veux !
GINÈS.
Mais enfin.
(*A ce moment don Manoel fait résonner la bourse, puis il la remet à Ginès, qui la prend avec joie.*)
ENSEMBLE, REPRISE.
GINÈS.
Voyons, examinons, etc.
DON MANOEL.
Voyons et calculons, etc.
STRETTE DU DUO.
GINÈS
Ah ! l'excellente affaire !.
Que le ciel soit béni !
Joyeux célibataire
Je n'ai plus de souci.
Séduisante colombe,
Restez auprès de lui ;
Sur lui que tout retombe
Je ne suis plus mari.
J'entends la noce, la voici...
Je pars, je m'éloigne d'ici.
DON MANOEL.
C'est au plus téméraire
Que le destin sourit,
Par une loi sévère
L'hymen m'est interdit.
Demain que je succombe,
Il me reste aujourd'hui ;
J'emporte dans la tombe
Le nom de son mari !
J'entends la noce, la voici
Va-t-en, éloigne-toi d'ici !
(*Ginès disparaît par le hangar à droite. Don Manoël, enveloppé du manteau et le front caché par le grand chapeau de Ginès, reste au milieu du théâtre.*)

SCÈNE IX.

GIRALDA ET TOUS LES GENS DE LA NOCE, *sortant de la ferme, à gauche,* DON MANOEL, *enveloppé dans son manteau. — Il fait nuit.*
CHOEUR.
Vers la chapelle solitaire

Partons dans l'ombre de la nuit.
Oui, l'amour chérit le mystère,
Et c'est l'amour qui nous conduit.
DON MANOEL, *apercevant Giralda habillée en mariée.*
C'est elle ! ô doux instant !..
GIRALDA, *s'adressant à don Manoël qu'elle prend pour Ginès.*
Je vous le dis encor, Monsieur, il en est temps,
Malgré moi je cède,
Voyez ma douleur,
Un autre possède
Mes vœux et mon cœur.
DON MANOEL, *à part.*
O bonheur !..
GIRALDA.
Après un tel aveu, pour persister encore...
DON MANOEL, *à part.*
Plus que jamais !
(*Haut.*)
Venez !
GIRALDA, *avec douleur*
Ah ! ce sera ma mort !
ENSEMBLE, REPRISE.
Vers la chapelle solitaire
Partons, etc.
(*Don Manoël entraîne Giralda. Toutes les personnes de la noce les suivent et sortent avec eux par le fond, à droite.*)

SCÈNE X.

GINÈS, *sortant avec précaution du hangar, suit des yeux la noce qui s'éloigne, et redescend tenant à la main la bourse que lui a donnée don Manoël.*
Je crois décidément qu'elle ne m'aimait pas.
Et céder pour six cents ducats
Une femme qui vous abhorre,
C'est bien vu... J'en connais qui donneraient, hélas !
La leur pour rien et du retour encore.
(*Regardant au fond, à gauche.*)
Eh ! mais, quel est ce bruit ?.. Le tambour, le clairon,
J'aperçois des flambeaux. On accourt, on s'empresse.
(*Montrant la ferme.*)
Dans quelque coin là-haut, fidèle à ma promesse,
Cachons-nous et laissons la place à mon second...
(*Il entre vivement dans la ferme.*)

SCÈNE XI.

Paraissent des GARDES, *portant des flambeaux, puis* LE ROI, *en habit de voyage et entouré de* JEUNES SEIGNEURS *de la cour.*
LE ROI.
RÉCITATIF.
Que saint Jacques et les saints me viennent tous en aide,
Car voyager en prince est un mortel ennui ;
Mais la reine, que je précède,
Est loin... et, pour l'attendre, arrêtons-nous ici...

AIR.

A nous la jeunesse,
A nous les plaisirs!
Que l'amour renaisse
Du sein des désirs.
De ices destinées,
Mesurons nos jours,
Non par les années,
Mais par les amours!
D'une puissante reine,
Mari, sans être roi,
J'acceptais une chaîne
En acceptant sa foi!
De ses vertus hautaines,
Subissons les rigueurs,
Et déguisons nos chaînes
En les couvrant de fleurs!
A nous la jeunesse,
A nous, etc.

SCÈNE XII.

LES MÊMES, LA REINE, *appuyée sur le bras de* DON JAPHET, *entre, suivie de toutes ses* DAMES *et de ses* PAGES.

LA REINE ET LE CHŒUR, *au fond du théâtre, s'arrêtant et s'agenouillant.*

Dieu puissant, dont je réclame
Le pouvoir terrible et vengeur,
Porte le calme dans son âme
Et la sagesse dans son cœur!

LE ROI, *sur le bord du théâtre, regardant la reine.*

Je la revois, ô noble dame,
Son ascendant doux et vainqueur
Porte le calme dans mon âme
Et la tendresse dans mon cœur!

LE ROI, *allant offrir galamment la main à la reine, et redescendant avec elle le théâtre.*

Votre Majesté n'est-elle pas bien fatiguée du voyage?

LA REINE.

Un peu!... Cela ne m'empêchera pas de passer ici la nuit en prières, près des bienheureuses reliques de saint Jacques-le-Majeur.

LE ROI, *à part.*

Toute la nuit!.. tant pis!

DON JAPHET, *à la reine.*

Moi qui avais fait préparer la chambre de Votre Majesté et celle du roi là, dans cette ferme.

LE ROI.

Une ferme! j'en suis ravi... cela délasse des palais... c'est gai, c'est champêtre... (*A don Japhet.*) Y soupe-t-on?

DON JAPHET, *s'inclinant.*

J'ai veillé à ce que rien ne manquât!

LE ROI, *à ses gentilshommes.*

Messieurs, je vous invite... La reine veille; nous veillerons aussi... Nous boirons à la santé de ces bons paysans, et nous ferons sauter les paysannes... (*A don Japhet.*) Comment sont-elles dans ce canton?

LA REINE.

Sire, de pareils détails...

LE ROI.

Conviennent à un prince qui veut s'instruire!

DON JAPHET.

Tout ce que je sais, c'est qu'il y a une noce dans cette ferme!

LE ROI.

Une noce... une mariée de village... c'est charmant... et je trouve...

LA REINE.

Inconvenant que don Japhet nous ait placés près de cette noce!

DON JAPHET.

La noce s'en va.

LA REINE.

C'est mieux!

LE ROI, *avec humeur.*

Tant pis!

DON JAPHET.

En sortant de l'église, le mari emmène sa femme chez lui!

LE ROI, *à part.*

Mais tant pis! tant pis!

LA REINE.

C'est bien... Le roi passera la nuit dans la chambre que vous lui avez préparée... Vous logerez près de lui, don Japhet!

DON JAPHET

Quel honneur!

LA REINE.

Vous veillerez en sujet fidèle sur Sa Majesté (*A demi-voix*), et demain vous me rendrez compte... (*Aux gentilshommes.*) Vous, Messieurs, approchez!...

DON JAPHET, *à qui la reine a parlé bas.*

Le mot d'ordre, Messieurs! Sur un signe de don Japhet, les seigneurs de la cour viennent rejoindre la reine, qui se trouve à gauche sur le devant du théâtre, pendant que don Manoël, enveloppé de son manteau, sort de la droite avec Giralda qu'il entraîne.)

SCÈNE XIII.

LES MÊMES, DON MANOEL, *entraînant* GIRALDA.

GIRALDA.

Pourquoi m'entraîner ainsi en sortant de la chapelle, et me séparer de mes compagnes?.. Non! non! je n'irai pas plus loin... (*Se dégageant des bras de don Manoël, elle aperçoit les gentilshommes qui entourent la reine.*) Oh! tous ces beaux seigneurs!

ACTE I, SCÈNE XIII.

DON MANOEL, *regardant autour de lui.*
Dieu! le voici! fuyons! (*Il disparaît par le hangar, à droite, et laisse sur une chaise le chapeau et le manteau qu'il ôte vivement. Pendant ce temps, Giralda a remonté le théâtre pour aller rejoindre les jeunes filles qui entrent en ce moment.*)

FINAL.

DON JAPHET, *regardant vers le fond, à gauche.*
Voici la noce, et filles et garçons!...
LE ROI.
A merveille! voyons!
(*A Giralda, qu'il a prise par la main et amenée au bord du théâtre.*)
Vous êtes donc, ma belle mariée...
GIRALDA.
Fille d'Almedo, le fermier!
LA REINE.
Et pour jamais le Ciel vous a liée?...
GIRALDA.
A Ginès Perès, le meunier.
LE ROI.
Qui, non loin de ces lieux demeure?
GIRALDA.
Au moulin de Tambra, moins d'un mille d'ici!
LE ROI, *à part.*
C'est utile à savoir!
LA REINE.
Je veux voir son mari...
Qu'il approche...
GIRALDA, *sans se tourner vers son mari.*
Venez, Monsieur..
(*Ne le voyant pas.*)
Mais tout à l'heure
Il était là...
CHOEUR.
C'est vrai!... de son bouquet paré...
GIRALDA.
A la ferme il sera rentré...
CHOEUR, *appelant à la porte de la ferme.*
Ginès! Ginès! Ginès!
GINÈS, *paraissant à la lucarne au-dessus de la porte.*
Eh bien! que me veut-on?
Dieu! que de monde!
CHOEUR.
A l'instant, descends donc!
La reine te demande.
LE ROI.
Ah! nous avions raison,
L'époux ne la vaut pas, et n'est pas digne d'elle!
GINÈS, *entrant.*
La reine me demande... ô surprise nouvelle,
Je ne puis refuser...
DON JAPHET, *qui a parlé bas à la reine.*
Oui, Madame, voici
Le marié, c'est lui!...
CHOEUR.
C'est lui! c'est lui! c'est lui!

GINÈS.
Que disent-ils!
LA REINE, *à Giralda.*
Ah! c'est là ton mari!
GIRALDA.
Hélas! oui...
GINÈS, *étonnée, à part.*
Comment! elle aussi!
GIRALDA, *à la reine.*
Le même sort à présent est le nôtre...
Car on vient à l'autel de nous unir...
GINÈS, *stupéfait, à part.*
Et l'autre!...
(*Tâtant sa poche.*)
Et ces ducats, et mon serment..
LE ROI, *à Giralda.*
Recevez notre compliment!
ENSEMBLE.
GINÈS.
Quoi! sur la meunière,
Je reprends mes droits;
C'est ma ménagère
Encore une fois!
Embarras extrême,
Ils le veulent tous,
J'y consens moi-même,
Soyons son époux!
LE ROI.
Gentille meunière,
Séduisant minois,
Chacun sur la terre
Suivrait tes lois,
Et du rang suprême,
Pour un sort si doux,
Oui, le roi lui-même,
Descendrait pour vous!
DON JAPHET ET LE CHOEUR.
Gentille meunière,
Séduisant minois,
Pour charmer et plaire
Elle a tous les droits,
Mais, péril extrême,
Gare à son époux,
Car le roi lui-même
Lui fait les yeux doux!
GIRALDA.
O destin contraire!
C'en est fait... je dois
Pleurer et me taire
Et subir tes lois!
Souvenir que j'aime,
O rêves si doux,
Il me faut moi-même
Renoncer à vous!
LA REINE.
Gentille meunière,
Séduisant minois,
Ah! d'un œil sévère,
Veillons sur mes droits;
Car le diadème
Dont ils sont jaloux,

Ne saurait lui-même
Fixer un époux!
LA REINE, à Ginès.
Vous allez emmener votre nouvelle femme
Dans votre moulin!...
GINÈS, étonné.
Moi?...
LA REINE.
Sur-le-champ!
GINÈS.
Quoi! Madame...
LA REINE.
Je l'ai dit... je le veux ainsi!
LE ROI, à Ginès.
Au moulin de Tambra, moins d'un mille d'ici...
GINÈS.
Oui, sire...
LE ROI.
En côtoyant la rive
Gauche...
GINÈS.
Non pas... la droite...
LA REINE, avec impatience.
Eh! qu'importe! partez!
Sur-le-champ, je l'ai dit...
GINÈS, interdit, bas, à Giralda.
Vous, vous y consentez?...
GIRALDA.
Il le faut bien...
GINÈS, étonné, à lui-même.
Et l'autre... Ah! je crains qu'il n'arrive!
CHOEUR DE LA NOCE, à Ginès.
Quand la reine l'ordonne, allons, prends ton manteau.
GINÈS, étonné.
Mon manteau!
CHOEUR, le lui donnant.
Le voici... Ton chapeau...

GINÈS, stupéfait.
Mon chapeau!
Mon chapeau, mon manteau!
(A part.)
De plus, ma femme... et cependant...
Et ses ducats... et mon serment!
LA REINE, à ses femmes.
Allons passer la nuit à la chapelle...
(Au roi.)
Vous, à la ferme...
LE ROI, à part.
Oui, pour y rêver d'elle!
GINÈS, à part, regardant Giralda.
Elle y consent! moi, son époux!
Allons, puisqu'ils le veulent tous...
(Prenant le bras de Giralda.)
A mon bonheur résignons-nous...
ENSEMBLE, REPRISE.
GINÈS.
Quoi! sur la meunière, etc.
LE ROI.
Gentille meunière, etc.
DON JAPHET ET LE CHOEUR.
Gentille meunière, etc.
GIRALDA.
O destin contraire, etc.
LA REINE.
Gentille meunière, etc.
(Le roi, suivi de don Japhet et des seigneurs, entre dans la ferme après avoir regardé Giralda attentivement. La reine et ses dames d'honneur se dirigent vers le fond, à droite. Ginès, entouré de tous les gens de la noce, a pris le bras de Giralda, qu'il emmène par le fond, tout en regardant avec crainte si don Manoël ne paraît pas.—La toile tombe.)

FIN DU PREMIER ACTE.

ACTE DEUXIÈME.

Intérieur d'un moulin avec ses tournants et ses blutteries, porte à gauche et à droite, sur le premier plan; sur le second, une petite porte secrète; à gauche, sur le troisième plan, une porte d'entrée; au milieu du théâtre une trappe par laquelle on descend aux étages inférieurs du moulin; au fond, un peu à gauche, une croisée donnant sur un balcon en bois; sur le premier plan, une table avec un flambeau allumé.

SCÈNE PREMIÈRE.

JEUNES FILLES, entrant par la porte à gauche et conduisant GIRALDA ET GINÈS.
CHOEUR.
Heure mystérieuse,
Qui rend l'âme rêveuse,
Moment terrible et doux,
Où timide et craintive,
Jeune fille on arrive
Au logis d'un époux...
(Ginès salue les jeunes filles et veut les renvoyer.)
Quant à vous, pas d'impatience,
Restez, monsieur le marié,
Dussiez-vous, par notre présence,
Être encor plus contrarié!
Conformez-vous à l'étiquette,
La mariée et sa toilette
Nous appartiennent aujourd'hui...
Oui, l'usage le veut ainsi,
Attendez-nous, restez ici!...

REPRISE DU CHOEUR.

Heure mystérieuse, etc.

(Les jeunes filles sortent avec Giralda par la première porte, à gauche.)

SCÈNE II.

GINÈS, seul.

Il paraît que décidément et à l'unanimité, je suis son mari... toutes les femmes du village vont s'en aller et me laisser ici avec ma femme... seul... tout à fait seul... et Antonio, mon garde-moulin. (Allant à la trappe qu'il soulève.) Antonio... va-t-en chez ton père... je n'ai pas besoin de toi avant demain... demain, très-tard, entends-tu?.. Oui, vraiment, me voilà bien chez moi, dans mon ménage... et je serais tenté de regarder mon marché d'hier comme un rêve... (Tirant une bourse de sa poche.) si je n'avais encore là les ducats de l'autre, qui a disparu et s'en est allé comme il était venu, me laissant l'argent et la femme, la femme et l'argent... ce n'est pas ma faute, c'est la sienne!

PREMIER COUPLET.

Tant que j'étais célibataire,
Soir et matin, et jour et nuit,
Dans ce vieux moulin solitaire
Je n'entendais que ce seul bruit :
Tic, tac, tic, tac, tic, tac... et ça vous étourdit.
C'est monotone et ça vous étourdit.
Mais, près d'une femme jolie,
C'est une plus douce harmonie.
(Portant la main à son cœur.)
Tic, tac, tic, tac, et ce bruit-là,
Dans mon moulin me charmera.
Oui ce bruit-là, ce doux bruit-là,
Dans mon moulin me charmera.

DEUXIÈME COUPLET.

Il est vrai que ma ménagère
A regret me donne sa foi ;
Qu'au mien cœur ne répond guère,
Et ne fera jamais pour moi
Tic, tac, tic, tac, tic, tac ; je le vois sans effroi ;
Je m'y résigne et le vois sans effroi.
C'est ainsi dans plus d'un ménage :
L'amour s'enfuit ; il est volage.
Mais l'argent reste... Il me dira :
(Frappant sur son gousset.)
Tin! tin! tin! tin... et ce bruit-là
Du reste me consolera.
Oui, de tout me consolera.

(Sur la ritournelle, une porte pratiquée dans le panneau à droite vient de s'ouvrir, paraît don Manoël, qui s'avance vers la table et souffle le flambeau.)

SCÈNE III.

GINÈS, DON MANOEL.

GINÈS, se retournant.

Hein? quelle obscurité... qu'est-ce que ça signifie... on a marché... qui va là?

DON MANOEL.

Moi.

GINÈS.

Qui, vous?..

DON MANOEL.

Celui qui, en vertu de notre marché, vient réclamer sa femme.

GINÈS, à part.

O ciel !

DON MANOEL, lui saisissant la main.

Ne me reconnais-tu pas?

GINÈS.

Si fait... rien qu'à la voix... cette voix je la reconnaîtrais entre mille... car il me semble que c'est celle de Belzébuth !

DON MANOEL.

Peut-être !

GINÈS, effrayé.

Comment, peut-être?..

DON MANOEL.

Aussi, tremble, s'il t'arrivait de manquer à ta parole !

GINÈS.

Jamais.

DON MANOEL.

Cela, cependant, commençait déjà !.. comment te trouves-tu ici?

GINÈS.

Avec ma femme !

DON MANOEL.

Qu'oses-tu dire?

GINÈS.

Non... je me trompe... avec la vôtre !..

DON MANOEL.

Tu l'avais emmenée à ton bras?

GINÈS.

Malgré moi, et pour ne pas trahir notre secret !

DON MANOEL.

Et tu allais prendre ici ma place?

GINÈS.

Par intérim, et en vous attendant, mais prêt à vous la rendre... parce que je suis un honnête homme.

DON MANOEL.

C'est bien !

GINÈS.

Dès que vous reviendriez.

DON MANOEL.

Me voici, va-t-en !

GINÈS.

Et si l'on me voit sortir?

DON MANOEL.

On ne te verra pas... reste en ce moulin, prêt à me servir, si j'ai besoin de toi.

GINÈS.

Ce n'était pas dans nos conditions.

DON MANOEL, lui donnant une bourse.

C'est juste... voici cinquante ducats de plus?

GINÈS.
Est-il possible!.. ô généreux remplaçant!.. (*A part, en pesant la bourse.*) Il est évident que c'est un meilleur parti que moi et que ma femme a bien fait de l'épouser... (*Haut.*) Je vais descendre par cette trappe, dans la chambre aux moutures, qui est là, au-dessous.

DON MANOEL.
Très-bien!

GINÈS.
Et dès que vous m'appellerez...

DON MANOEL.
A merveille!.. (*A Ginès, qui va descendre.*) Attends!.. quel est ce bruit? (*Il montre la porte à gauche.*)

GINÈS.
Les jeunes filles du village qui sortent de la chambre de la mariée... et amènent ici notre femme. (*Se reprenant.*) Non! la vôtre!

DON MANOEL, *le retenant.*
Reste!

SCÈNE IV.

LES MÊMES, *à droite du théâtre.* LES JEUNES FILLES *sortant de la première porte à gauche et amenant* GIRALDA, *vêtue de blanc, sans sa couronne et son bouquet de mariée.*

CHOEUR.
Heure mystérieuse,
Qui rend l'âme rêveuse,
Moment terrible et doux,
Où, joyeuse et craintive,
La jeune fille arrive
Auprès de son époux.
(*Appelant.*)
Ginès! Ginès!..

DON MANOEL, *bas, à Ginès.*
Réponds-leur.

GINÈS, *haut.*
Me voici.

CHOEUR.
Pourquoi donc est-il sans lumière?..

DON MANOEL, *bas, à Ginès.*
Dis-leur que tu le veux ainsi.

GINÈS, *aux jeunes filles.*
Je suis le maître, je l'espère,
Et cela me convient ainsi.

CHOEUR.
Ah! le joli petit mari!
Qu'il est galant, qu'il est gentil!

DON MANOEL, *bas, à Ginès.*
Congédie à présent la noce et le cortège.

GINÈS.
Merci, mes bons amis, que le ciel vous protège...
Mais... mais... allez-vous-en, gens de la noce.

CHOEUR.
Eh quoi!
Nous renvoyer...

GINÈS.
C'est là mon plus beau privilége.
Avec ma femme laissez-moi.

CHOEUR.
Éloignons-nous,
Laissons ces deux époux.
(*Les jeunes filles sortent par la porte à gauche, au deuxième plan.*)

GINÈS, *à don Manoel.*
On s'éloigne...

DON MANOEL, *à demi-voix.*
Bien!.. Maintenant...
Prends la peine d'en faire autant.

GINÈS, *s'approchant de la trappe.*
Oui, je comprends... j'entends...
J'entends... et je descends...,
(*Il descend par la trappe.*)

SCÈNE V.
GIRALDA, DON MANOEL.

(*Don Manoël s'assure que toute la noce est partie, puis, quand Ginès a fermé sur lui la trappe, il s'avance vers Giralda, qui recule saisie de terreur.*)

DUO.

GIRALDA, *à part.*
Ah! le désespoir me reste!
(*A voix haute.*)
De moi, Monsieur, n'approchez pas,
(*Tirant un poignard.*)
Ou ce poignard, je vous l'atteste,
Saura m'arracher de vos bras!..

DON MANOEL, *s'arrêtant.*
O ciel!

GIRALDA, *avec résolution.*
Oui, je l'ai dit, et je le jure,
Un autre par moi fut choisi,
Et je saurai, fidèle et pure,
Mourir pour me garder à lui.

DON MANOEL.
A ma voix sois calmée...

GIRALDA, *surprise, à part.*
Dieu! cette voix!..

DON MANOEL.
Ginès est loin de nous.
C'est moi, ma bien-aimée.
Moi, qui suis ton époux!..

GIRALDA, *avec bonheur.*
C'est lui!..

DON MANOEL.
De ton futur j'ai su prendre la place,
Et par moi prévenu, tantôt, devant l'autel,
Un prêtre, un ami sûr, secondant mon audace,
Nous a liés tous deux par un nœud solennel.

ENSEMBLE.

GIRALDA.
Ah! ma crainte est calmée,
Me voilà près de vous!
Et mon âme, charmée,
Reconnaît mon époux.

DON MANOEL.
A ma voix sois calmée,
Ginès est loin de nous.
C'est moi, ma bien-aimée,
Moi, qui suis ton époux.

GIRALDA.
Eh quoi! celui qu'en mon amour fidèle
Je repoussais avec effroi...

DON MANOEL.
C'était moi.

GIRALDA.
Et qui reçut, dans la sainte chapelle,
Mon anneau d'or et ma foi...

DON MANOEL.
C'était moi.
Le voici, ce gage suprême!
Et celui qui, devant Dieu même,
Jure de vivre sous ta loi,
C'est moi, c'est moi,
C'est toujours moi!..

ENSEMBLE, REPRISE.

GIRALDA.
Ah! ma crainte est calmée, etc.

DON MANOEL.
A ma voix sois calmée, etc.

DON MANOEL.
Maintenant, c'est Dieu qui l'ordonne;
Rien ne peut plus nous désunir...
Mais, en cas de péril, grave en ton souvenir
Le mot d'ordre que je te donne...
Et qui seul me fera reconnaître de toi.

GIRALDA.
Quel est-il donc?..

DON MANOEL.
Ecoute-moi.
Amour et mystère.

GIRALDA, *répétant*.
Amour et mystère.

DON MANOEL
Puis après un baiser...

GIRALDA.
Un baiser...

DON MANOEL.
Tu ne l'oublieras pas.

GIRALDA, *timidement*.
Non, vraiment, je l'espère...
C'est facile...

DON MANOEL.
Pas tant... Tu pourrais t'abuser.

GIRALDA.
Non, vraiment, non, je ne peux m'abuser!

ENSEMBLE.

O dieu d'amour! dieu du mystère,
Ton charme heureux
Nous fait connaître sur la terre
Plaisirs des cieux!..
Anges des nuits, d'une aile épaisse
Cachez toujours
Et nos serments, et notre ivresse,
Et nos amours!..

DON MANOEL.
Voyons, par excès de prudence...
Te souviens-tu de ma leçon?..

GIRALDA.
Amour et mystère.

DON MANOEL.
C'est bon!..
Et le reste?..

GIRALDA, *baissant les yeux*.
Le reste?.. Ah! de ma souvenance
Il s'est, je crois, échappé...

DON MANOEL.
Tu vois donc
Qu'il faut bien que je te le rappelle!

GIRALDA, *à don Manoël, qui l'embrasse*.
Assez, Monsieur, assez...

DON MANOEL.
Non, car je vois, hélas!
Que ta mémoire est infidèle.

GIRALDA.
Mais, moi, Monsieur... moi, je ne le suis pas!

ENSEMBLE, REPRISE.

O dieu d'amour! dieu de mystère, etc.

GIRALDA, *timidement*.
Maintenant, plus qu'un mot, qui vous fâchera peut-être... mais que j'ai pourtant bien le droit de vous adresser... mon doux mari, qui êtes-vous?

DON MANOEL.
Si je te le disais, tu me reprocherais peut-être de t'avoir entraînée dans ma ruine... car si la reine, si l'inquisition connaissaient notre mariage, je serais perdu et toi aussi!

GIRALDA.
Moi, peu importe?

DON MANOEL.
Encore quelques jours... jusqu'au moment où nous pourrons en secret quitter ce royaume!

GIRALDA.
Allons, je me résigne, je me tais... mais jusqu'à présent, mon doux seigneur et maître, pourquoi m'avoir caché vos traits?

DON MANOEL.
D'abord par prudence, et maintenant par crainte...

GIRALDA.
Laquelle?

DON MANOEL.
Tu m'as aimé sans me connaître, sans me voir, et je tremble maintenant que mon aspect ne dé-

truise ce que je dois à mon absence et à ton imagination peut-être!
GIRALDA.
Non! car ce que j'aime en vous, ce sont les nobles sentiments qui vous animent... c'est votre loyauté, votre tendresse!
DON MANOEL.
Eh bien! cela devrait te suffire!
GIRALDA.
C'est vrai... mais on a beau se raisonner, on tient à voir son mari... non pas que je ne vous connaisse, car d'avance votre portrait est là, dans mon cœur et devant mes yeux... je veux seulement comparer et savoir s'il est ressemblant... vous ne pouvez pas me refuser!
DON MANOEL.
Non, Giralda... mais si je n'étais pas ce que tu crois...
GIRALDA.
Qu'en savez-vous?
DON MANOEL.
Si tu allais ne plus m'aimer!
GIRALDA.
Ce n'est pas possible!.. (*Montrant la chambre à gauche.*) Dans la pièce où j'étais tout à l'heure, il m'a semblé voir du feu briller encore dans l'âtre... Je vais allumer une lampe et je reviens, n'est-ce pas, mon mari?.. il n'a pas répondu... il consent!.. (*Elle sort vivement.*)
DON MANOEL, seul.
Ah! Giralda! comment ne pas t'aimer!.. toutes les beautés de la cour ne valent pas un de tes regards... Qu'entends-je?.. cette croisée qui s'ouvre... qui ose venir ainsi?

SCÈNE VI.

DON MANOEL, *se tenant à l'écart, à droite,* LE ROI, *entrant par la fenêtre du fond,* DON JAPHET.

LE ROI, *s'adressant à don Japhet, qui est encore sur le balcon.*
Qu'est-ce? qu'y a-t-il?
DON JAPHET.
L'échelle que je viens de renverser, en enjambant ce balcon.
LE ROI.
Maladroit! plus de retraite possible... raison de plus pour aller en avant!
DON MANOEL, à part.
C'est le roi!
LE ROI, à don Japhet.
Vous, restez en sentinelle sur ce balcon.
DON JAPHET, se récriant.
En plein air?
LE ROI.
Vous n'en observerez que mieux...et au moindre danger, avertissez-moi.

DON JAPHET, de même.
En plein air!.. et le vent qui a emporté mon chapeau!.. Diable! diable... (*Il disparaît et referme la croisée.*)
LE ROI.
Une bonne idée que j'ai eu là d'emmener don Japhet... il était placé dans mon antichambre, par la reine sans doute... impossible de m'échapper cette nuit de la ferme, sans être aperçu par lui... de mon espion j'ai fait un complice... c'est adroit... il ne pourra plus me trahir auprès de la reine... qu'elle passe sa nuit en exercices pieux à la chapelle de Noya, chacun son goût... moi, j'aime le grand air, je me promène... c'est un exercice comme un autre... je me promène du côté de ce moulin, qui est fort bien, et de la meunière qui est charmante... il s'agit seulement de découvrir où est sa chambre.
DON MANOEL, à part.
Ah! c'est là son dessein.
LE ROI.
Quant à son mari, le meunier Ginès, je chargerai don Japhet de causer avec lui.. je ne l'ai amené que pour cela... ami et confident du prince, c'est son emploi... (*Se dirigeant vers la droite.*) Voyons, cherchons de ce côté!
DON MANOEL, *portant la main à son poignard.*
Ah! si je m'en croyais!.. (*Se reculant en laissant passer le roi devant lui.*) Non! c'est le roi!.. (*Le roi disparaît par la porte à droite.*)

SCÈNE VII.

DON MANOEL, GINÈS.

DON MANOEL, *courant à la trappe qu'il ouvre.*
Ginès! Ginès! dors-tu?
GINÈS, *dont la tête apparaît.*
Non! ni vous non plus à ce qu'il paraît.
DON MANOEL.
Veux-tu gagner cette fois, non cinquante ducats, mais cinquante pistoles, et même plus!
GINÈS.
Tout de suite!
DON MANOEL.
Eh bien, à l'instant, et malgré la nuit, tu vas courir.
GINÈS.
Moi, garçon, je n'ai que cela à faire!
DON MANOEL.
A la chapelle de Noya : demande l'officier de garde, et dis-lui de prévenir la reine que le roi est ici, en ce moulin, où il court en ce moment le plus grand danger!
GINÈS.
Le roi! qu'est-ce que ça signifie!
DON MANOEL.
Cela ne te regarde pas!.. il s'agit seulement de cinquante pistoles que je te donne à ton retour!

GINÈS.
Je pars.
DON MANOEL.
Sans compter ce que te donnera la reine!
GINÈS.
Je suis parti. (*Il disparaît, refermant la trappe.*)

SCÈNE VIII.

LE ROI, DON MANOEL, DON JAPHET.

LE ROI, *reparaissant au fond, à droite.*
On s'oriente mal à tâtons!
DON JAPHET, *se montrant à la croisée, qu'il ouvre.*
Brr! brr! les nuits sont fraîches... j'ai beau penser à ma femme! à cette chère Rosine de Pontevedra... cela ne m'empêche pas pas d'avoir... brr! brr!
LE ROI.
Hein! qui va là?
DON JAPHET.
C'est moi... pardon, sire!.. mais est-il bien nécessaire de rester en sentinelle sur ce balcon!
LE ROI.
Sans doute!
DON JAPHET.
Toute la nuit!..
LE ROI.
Peut-être!
DON JAPHET, *se récriant.*
Comment! peut-être!... mais, sire!..
LE ROI.
C'est bien! assez, Monsieur! un bon soldat doit rester à son poste!..
DON JAPHET.
C'est juste, sire... je vais me remettre en faction... mais cependant les nuits sont fraîches... brr! brr.. (*Il referme la croisée, puis on l'entend éternuer.*)

SCÈNE IX.

DON MANOEL, LE ROI.

LE ROI, *entendant don Japhet éternuer.*
Imbécile! qui a l'imprudence de s'enrhumer!.. (*A lui-même.*) Personne!.. pas apparence de meunière de ce côté... (*Regardant à gauche.*) Je crois bien!.. la voici de celui-ci... ah! qu'elle est jolie ainsi... où va-t-elle sur la pointe du pied, et cette petite lampe à la main... par saint Jacques! de la prudence, et observons!.. (*Il se retire au fond du théâtre.*)

SCÈNE X.

LE ROI, DON MANOEL, GIRALDA.

GIRALDA, *s'avançant sur la ritournelle du trio.*
Plus de feu dans le foyer... pas une étincelle... je me suis mis les doigts en sang avec ce maudit briquet... plus on est pressé, moins on avance... et j'étais si pressée... enfin!..

TRIO.

GIRALDA, *tenant une lampe à la main.*
Où donc est-il, mon doux seigneur!
Comme je sens battre mon cœur.
(*Pendant ce temps le roi s'est avancé doucement derrière Giralda, dont il saisit la main droite; elle pousse un cri et laisse tomber sa lampe.*)
Ah! vous m'avez fait une peur!
Voilà ma lampe renversée
Et l'on y voit moins que jamais!
Ne suis-je pas bien avancée!
Moi qui tiens tant à voir vos traits.
LE ROI, *à part.*
Qu'est-ce que cela signifie!
GIRALDA.
Mon cher petit mari, laissez-moi, je vous prie,
Le temps de rallumer cette lampe.
LE ROI.
A quoi bon!
On peut bien, sans se voir, et causer et s'entendre...
Entre femme et mari...
GIRALDA.
Juste ciel!
LE ROI.
Qu'as-tu donc!
GIRALDA.
Ce n'est pas son parler et si doux et si tendre!
Ce n'est pas là sa voix...
LE ROI.
Je te jure que si!
GIRALDA.
Non, vous n'êtes pas mon mari!
LE ROI.
Si vraiment!
GIRALDA.
Non! non! non!
LE ROI.
Je te jure que si!

ENSEMBLE.

LE ROI, *à part.*
Dans la nuit obscure,
Jamais, je le jure,
Plus douce aventure
N'a charmé mon cœur!
Intrigue espagnole
Séduisante et folle,
Voilà mon idole!
Voilà mon bonheur!
GIRALDA.
Oh! j'en suis bien sûre,

C'est une imposture.
Dans la nuit obscure,
Craignons une erreur!
Croire sur parole
Serait une école,
Et je serais folle
De livrer mon cœur!
    DON MANOEL, *à part.*
O mortelle injure,
Tourment que j'endure
Et dont la blessure
Irrite mon cœur!
D'une âme espagnole,
L'honneur est l'idole,
A lui seul j'immole
Ma juste fureur!
    LE ROI, *à Giralda.*
Oui, je suis ton mari, je n'en veux pas démordre.
    GIRALDA.
Vous!
    LE ROI.
Moi!
    GIRALDA.
Vous,
    (A part.)
    Je vais bien le voir.
(Haut.)
Allons, Monsieur, dites-moi le mot d'ordre!
    LE ROI, *avec embarras.*
Quoi! le mot d'ordre!
    GIRALDA.
Eh oui! vous devez le savoir!
    LE ROI, *de même.*
Certainement! mais moi, ton époux et ton maître,
Laisse-moi t'embrasser!
    GIRALDA.
Non pas, c'est là la fin.
Ce que je désire connaître,
C'est le commencement!
    LE ROI, *à part.*
Qu'ici je cherche en vain,
(Haut.)
Le commencement, c'est qu'avant tout je t'adore!
    GIRALDA.
C'est bien, mais ce n'est pas encore
Le mot d'ordre!
    LE ROI.
Vraiment!
    GIRALDA.
Non! ce n'est pas cela!
    LE ROI, *avec embarras.*
Le mot d'ordre!
    GIRALDA.
A lui seul, mon cœur obéira.

ENSEMBLE, REPRISE.

    LE ROI.
Dans la nuit obscure, etc.
    GIRALDA.
Oui, j'en suis bien sûre, etc.

    DON MANOEL.
O mortelle injure, etc.
    LE ROI, *poursuivant Giralda dans l'obscurité.*
Tu veux en vain m'échapper!
    GIRALDA, *se réfugiant vers la droite du théâtre.*
Ah! je tremble!
    LE ROI, *cherchant toujours à tâtons du côté gauche.*
Malgré la nuit, je saurai bien
Te retrouver!
    DON MANOEL, *bas, à Giralda.*
Giralda, ne crains rien!
Je suis auprès de toi!
    GIRALDA, *à part.*
C'est sa voix, il me semble!
    DON MANOEL, *bas.*
Amour!
    GIRALDA, *répétant.*
Amour!
    DON MANOEL, *bas.*
Et mystère!
    GIRALDA, *à part.*
C'est lui!
    DON MANOEL.
Et de plus...
    (Il l'embrasse.)
    GIRALDA, *poussant un cri.*
Ah! c'est mon mari!
    LE ROI, *à gauche, se retournant.*
Qu'est-ce!
    GIRALDA.
Vous disiez vrai... Maintenant je suis sûre
Que mon époux est bien ici!
    DON MANOEL, *bas.*
Tais-toi!
    LE ROI.
O bonheur! avançons!
(Il fait quelques pas et s'arrête au bruit que fait don Manoel en embrassant Giralda.)
Mais dans l'ombre je crois,
D'un baiser indiscret entendre le murmure!

ENSEMBLE.

    LE ROI.
C'est charmant,
Et pourtant
Ce piquant
Incident
Me paraît
D'un effet
Importun
Et commun!
Quoiqu'étant
Indulgent,
C'est un tort
Par trop fort!
D'être heureux
Sous mes yeux,
Devant moi,
Moi, le roi!

ACTE II, SCÈNE X.

DON MANOEL.
Lui, présent,
C'est charmant!
O piquant
Incident,
Peu lui plaît,
En effet,
De voir un
Importun.
(A Giralda.)
Ton amant
Dans son sort
Est encor
Plus joyeux,
Plus heureux
Près de toi
Que le roi!

GIRALDA.
Lui, présent,
C'est charmant!
O piquant
Incident,
Peu lui plaît,
En effet,
De voir un
Importun.
(A don Manoel.)
O moment
Séduisant,
Oui, mon sort
Est encor,
A mes yeux,
Plus heureux!
Car c'est toi,
Près de moi!

(Sur la ritournelle du trio, le roi s'est avancé sans bruit et a saisi la main de Giralda.)

LE ROI.
Ah! par saint Jacques! cette fois tu ne m'échapperas pas.

DON MANOEL, à part.
Que faire!

GIRALDA, se débattant.
Laissez-moi!

LE ROI.
Et nous allons savoir avec qui tu es là, car il y a quelqu'un!

DON MANOEL, à part.
O ciel!

SCÈNE XI.
LES MÊMES, GINÈS.

GINÈS, soulevant la trappe.
Me voilà, c'est moi!

LE ROI.
Qui? toi!

GINÈS.
Moi, Ginès, le meunier!

LE ROI, qui a lâché la main de Giralda.
Ah! diable! le mari, c'est différent!.. il est dans son droit... A tout seigneur, tout honneur!
(Pendant ce temps, don Manoel a pris la main de Giralda, qu'il emmène et qu'il fait entrer dans la chambre à droite. Il reste sur le pas de la porte et écoute.)

LE ROI.
Tâchons prudemment de battre en retraite... (Rencontrant, au milieu du théâtre, Ginès qui est sorti de la trappe.) Impossible! j'ai rencontré l'ennemi!

GINÈS.
Comment! vous êtes encore ici! au lieu d'être là-bas avec ma femme!.. (Se reprenant.) c'est-à-dire la vôtre... c'est convenu!

LE ROI, à part.
Qu'est-ce que j'apprends là?.. (A voix basse et avec embarras.) Certainement je sais bien que je suis le mari.

GINÈS.
Ah! vous pouvez parler tout haut!.. que rien ne vous gêne... vous êtes chez vous!

LE ROI, à part.
Je n'y comprends rien, mais c'est égal... (Haut, avec joie.) Moi, mari!

GINÈS.
C'est votre titre... il est à vous... vous l'avez bien payé.. Maintenant seulement payez-moi mes cinquante pistoles!

LE ROI.
Volontiers! mais pourquoi?

GINÈS.
Ma commission que je viens de faire... et lestement encore... J'en suis tout essoufflé... J'ai trouvé à la porte de la chapelle où priait la reine l'officier des gardes que vous m'aviez indiqué...

LE ROI, à part.
Comment!

GINÈS.
Et à qui j'ai dit : «Prévenez la reine que le roi est à cette heure dans mon moulin, où il court le plus grand danger!»

LE ROI.
Malheureux! qui t'a dit cela?

GINÈS.
Par Notre-Dame del Pilar! vous-même, tout à l'heure.

LE ROI.
Moi! (A part.) C'est clair! il y en a un autre, un troisième... celui qui sans doute tout à l'heure.. Mais quel est-il?.. comment le connaître? Ah! si j'avais le temps!... mais je ne l'ai pas... Et la reine qui va venir!

GINÈS.
Et mes cinquante pistoles?

LE ROI.
Non pas cinquante, mais cent!

GINÈS.
Vraiment!

LE ROI.
Si tu me donnes les moyens de sortir d'ici sans être vu et à l'instant.

GINÈS.

Vous!

LE ROI.

Moi!

GINÈS.

Et notre femme qui attend!

LE ROI.

C'est bien là ce qui me désespère... il faut que je m'en aille!

GINÈS.

Encore!.. (*A part.*) Ah çà, ce mari-là s'en va donc toujours... Et puis, c'est singulier, il n'a plus la même voix que tout à l'heure... Mais, dès qu'il me promet cent pistoles au lieu de cinquante... (*Haut.*) Venez donc... ce n'est pas malin... il n'y a qu'un petit sentier, celui qui conduit du moulin à Noya.

LE ROI.

C'est bien!

GINÈS.

Vous y rencontrerez même la reine et sa suite qui ne peuvent en prendre d'autres!

LE ROI, *effrayé.*

Pas d'autres!

GINÈS.

Il y a la rivière, sur laquelle j'ai une barque... à moins qu'elle ne soit pleine d'eau... ce qui est possible; je m'en vas voir!

GINÈS, *revenant sur ses pas.*

Vous dites cent pistoles!

LE ROI, *avec impatience.*

Eh! oui!

GINÈS.

Oh! le digne, le brave associé!.. c'est une fortune que cet homme-là, soit qu'il arrive, soit qu'il s'en aille... (*Geste de colère du roi.*) Dans l'instant, tout sera prêt pour que vous puissiez partir!.. (*Il sort vivement par la gauche, et don Manoël entre par la droite.*)

SCÈNE XII.

LE ROI, *puis* DON JAPHET *et* DON MANOEL.

LE ROI, *seul, avec dépit.*

Partir! partir!.. au moment le plus intéressant... Mais qui a pu me dénoncer et avertir la reine!..

DON JAPHET, *paraissant à la croisée du fond.*

Sire! sire!..

LE ROI, *à lui-même.*

Eh! pardieu! don Japhet... Il n'y a que lui!

DON JAPHET.

Un grand danger nous menace!

LE ROI, *à part.*

Il me le paiera!

DON JAPHET.

Du haut de ce balcon, j'ai aperçu, à travers la forêt, des cavaliers, des flambeaux et la litière de la reine... et si elle me trouve en ce moulin, moi à qui elle a ordonné de ne pas quitter la ferme... je suis perdu!

LE ROI, *à part.*

Voyez-vous le traître!.. Et Ginès qui ne revient pas... (*Haut.*) Et pour sortir d'ici sans être vu, comment faire?..

DON MANOEL, *qui vient de sortir de la droite, s'approche du roi.*

Vous fier à moi, sire!..

LE ROI.

Qui es-tu donc?

DON MANOEL, *à voix basse.*

Qu'importe! si je vous sauve... venez!

LE ROI, *le suivant.*

Ah! je te promets pour récompense!..

DON MANOEL, *l'entraînant.*

Je ne veux rien!

LE ROI, *lui donnant le ruban qu'il porte à son cou.*

Tiens, tiens... prends du moins ce gage... et rappelle-toi que je n'aurai rien à refuser à celui qui me le rapportera! (*Ils sortent tous deux par la droite.*)

SCÈNE XIII.

DON JAPHET, *puis* GINÈS.

DON JAPHET, *entrant par la croisée et cherchant dans l'ombre.*

Sire! sire!.. qu'ordonnez-vous? le temps presse... Écoutez-moi, sire!.. Où êtes-vous donc?

GINÈS, *à don Japhet qu'il rencontre.*

Par eau ou par terre, impossible de se sauver... car voici la reine qui monte l'escalier du moulin...

DON JAPHET.

Alors où me cacher?.. où trouver un refuge?..

GINÈS.

Eh! parbleu! dans la chambre de votre femme.

DON JAPHET, *avec effroi.*

Ma femme! dit-il... ma femme en ce moulin!.. Et cette chambre où est-elle?..

GINÈS, *le conduisant vers la porte à gauche.*

Par ici, venez!..

DON JAPHET, *dans le plus grand trouble.*

Qu'est-ce que cela signifie?.. ma femme!.. (*Il entre vivement dans la chambre à gauche, que Ginès vient de lui indiquer.*)

GINÈS, *stupéfait.*

Encore une autre voix que celle de tout à l'heure!.. Il en change donc à volonté... Ça regarde Giralda... c'est à elle de s'y reconnaître... (*Les gens de la suite de la reine, portant des flambeaux, entrent par la porte du fond, à gauche. A ce bruit, Giralda sort de la porte à droite sur le premier plan.*)

ACTE II, SCÈNE XIV.

GINÈS, *apercevant Giralda.*

Tiens! vous êtes de ce côté pendant que votre mari est de celui-ci!

GIRALDA.

Mon mari, dites-vous!.. Où est-il?

GINÈS.

Là, chez lui, dans votre chambre!

GIRALDA.

O ciel!

SCÈNE XIV.

LES MÊMES, LA REINE, SES ÉCUYERS, SES PAGES ET SES FEMMES. *entrant par la porte du fond, à gauche, ainsi que les gens du village.*

FINAL.

LA REINE, *à Ginès et à Giralda.*

Pardonnez, si le jour de leur union même,
De nouveaux mariés sont dérangés par moi;
On est craintive quand on aime...
On parle d'un complot formé contre le roi!
On prétend qu'en ces lieux, attiré par la ruse,
Ses jours sont en danger...

GIRALDA.

Je crois qu'on vous abuse,
Je n'ai rien vu, rien entendu...

LA REINE, *aux gens de sa suite.*

Que ce moulin par vous, Messieurs, soit parcouru...
(*Plusieurs officiers sortent, la reine s'avance au bord du théâtre.*)

LA REINE, *à part.*

De tromper mon amour serait-il donc capable?
Ah! je vais à l'instant savoir s'il est coupable...

CHŒUR D'OFFICIERS, *rentrant.*

Personne!.. et nous avons tout visité pourtant...
Excepté cette chambre...
(*Montrant celle de gauche.*)

LA REINE.

Entrez-y!...

GIRALDA, *avec embarras.*

C'est la mienne...

LA REINE.

N'importe! ouvrez!

GIRALDA.

Je conjure la reine
De ne pas l'exiger...

LA REINE.

Qui! vous! c'est étonnant!...
Et rien qu'une telle demande
Pourrait, à juste titre, éveiller le soupçon...
Oui, c'est là qu'est le roi... du moins je l'appréhende,
Qu'on brise cette porte!...

GIRALDA, *se plaçant au devant des officiers.*

Ah! grâce!

SCÈNE XV.

LES MÊMES, LE ROI, *paraissant à la porte d'entrée, au fond du théâtre.*

LE ROI.

Qu'est-ce donc?

TOUS.

Le roi! le roi!

LA REINE, *courant à lui.*

C'est bien lui que je revoi!...

ENSEMBLE.

O surprise sans pareille,
J'en crois à peine mes yeux!
Ah! je ne sais si je veille...
Le roi! le roi dans ces lieux!

LE ROI, *gaîment.*

Eh! oui, dans cette ferme, où d'un sommeil paisible
Je goûtais les douceurs... tout à coup réveillé
Par le bruit d'un départ... le vôtre.. J'ai tremblé
Pour vous, et j'ai suivi vos pas!

LA REINE.

Est-il possible!
Lorsqu'ici des dangers environnaient le roi...
On me l'a dit...

LE ROI.

Qui donc?

LES OFFICIERS, *montrant Ginès.*

Lui!

LA REINE.

Cet homme?

GINÈS.

Oui, Madame.

LE ROI.

Qui t'en avait chargé?

GINÈS.

Le mari de ma femme!...

TOUS.

Le mari de sa femme?...

LE ROI, *à part.*

Ah! voilà le mystère!
(*A la reine.*)
Et pour vous et pour moi,
Nous le découvrirons...

LA REINE, *à Ginès.*

Mais ce mari... c'est toi!

GINÈS, *avec embarras.*

Oui, d'abord, j'en conviens; mais on m'a pris ma place.

LE ROI, *à part.*

Cela se voit parfois!

LA REINE, *à Ginès.*

Par or ou par menace?...

GINÈS.

Tous deux!...

LA REINE.

Achève... Où donc est cet époux?

GINÈS, *montrant la porte à gauche.*

Ici, chez sa femme!

LE ROI, *à Giralda.*

Chez vous?

GIRALDA.
Oui, sire!
LE ROI.
Et quel est-il?
GIRALDA.
En honneur, je l'ignore!
Et ne l'ai jamais vu!
LA REINE.
C'est plus étrange encore!
GIRALDA.
Mais je sais seulement qu'en s'unissant à moi
Il craignait le courroux et de vous et du roi!
Grâce pour lui! Grâce! je vous implore!
LA REINE.
Nous verrons... Mais d'abord qu'il paraisse à nos yeux!
LE ROI.
Oui, je veux le connaître... Entrons donc!
(La porte s'ouvre et don Japhet paraît.)
TOUT LE MONDE.
Ah! grands dieux!
(Giralda, à droite, pousse un cri; près de se trouver mal, un jeune seigneur s'élance d'un groupe qui est derrière elle; c'est don Manoël qui la reçoit dans ses bras et la porte sur un siége. Pendant ce temps, le roi, la reine, tous les courtisans se sont jetés au-devant de don Japhet et ont masqué Giralda.)

CHOEUR.

O surprise sans pareille!
Lui qu'on croyait garçon!
Je ne sais si je veille,
C'est à perdre la raison!
LA REINE, à don Japhet.
Ce que nous apprenons a droit de nous surprendre,
Vous, don Japhet, vous, marié?
DON JAPHET, effrayé.
Comment?
LE ROI.
Et marié secrètement!
DON JAPHET, à part.
Ils savent tout!...
(Haut.)
Reine, daignez m'entendre!...
LA REINE.
Il l'avoue!...
DON JAPHET.
Eh bien! oui!
LE ROI, à part.
Bonheur inattendu!
Je pourrai me venger!
DON JAPHET, à part.
Ah! me voilà perdu!...
LA REINE.
Le hasard nous a fait connaître votre femme!
(Montrant Giralda qui est revenue à elle et vient de se lever.)
Et la voici!
DON JAPHET, à part, voyant Giralda.
Je suis sauvé!
(Au roi.)
Oui, sire, c'est elle!
(A la reine.)
Oui, Madame!

(A part, regardant Giralda.)
Par elle du danger me voilà préservé!

ENSEMBLE.

DON JAPHET.
Méprise salutaire,
O rempart tutélaire,
Derrière qui j'espère
Abriter mon honneur!
Cet heureux mariage,
Qui malgré moi m'engage,
Me sauve de l'orage,
Profitons de l'erreur!
GIRALDA.
O funeste lumière,
A mes désirs contraire
Qui brille, qui m'éclaire,
Hélas! pour mon malheur!
De crainte de l'orage
Ah! bannissons l'image
Qui, par un doux présage,
Souriait à mon cœur!
LE ROI.
Rencontre tutélaire,
Vengeance qui m'est chère,
Je pourrai, je l'espère,
Savourer ta douceur!
Malheur à qui m'outrage,
Je reprends l'avantage,
Ce précieux otage
Me répond du bonheur!
DON MANOEL.
L'adorer et se taire!
O funeste mystère!
Mais avant peu, j'espère
Détruire son erreur!
Oui, l'amour nous engage,
Je veille, et mon courage
Saura braver l'orage,
Et vaincre sa fureur!
LA REINE.
La vérité m'éclaire,
J'abjure ma colère;
Mes soupçons, je l'espère,
Portaient sur une erreur!
Et quand, malgré son âge,
Plus amoureux que sage,
L'hymen ici s'engage!
Confirmons son bonheur!
GINÈS.
Tout s'arrange, j'espère,
Heureux célibataire,
Laissons ma ménagère
A ce noble seigneur!
En homme habile et sage
Je renonce au ménage
Et je garde en partage,
Et richesse et bonheur!
CHOEUR.
En tout temps si sévère,
La reine délivre

Et son cœur moins austère
Penche pour la douceur !
Puisque le mariage
En secret les engage
Il est prudent et sage
D'approuver leur bonheur !

GINÈS, *regardant don Japhet, à part.*
Je le croyais de plus belle apparence,
Et si ce n'étaient ses ducats,
Franchement il ne me vaut pas !
(Regardant Giralda.)
Elle y perdra !

LE ROI, *à don Japhet.*
Comptez, mon cher, sur ma clémence !
Sur celle de la reine !

LA REINE.
Oui, vraiment, et je veux
Puisque nous pardonnons, qu'il parte de ces lieux !
Et que chez lui sur-le-champ il emmène
Sa femme !

DON JAPHET.
Moi !

DON MANOEL, *avec frayeur.*
Grands Dieux !

DON JAPHET, *s'inclinant.*
J'obéis de grand cœur aux ordres de la reine !

GINÈS.
C'est singulier... sa voix paraît toute autre... enfin !
J'irai toujours chez lui, lui demander demain
Ce qu'il me doit...

DON JAPHET, *à part, regardant Giralda.*
Ma femme est fort gentille !

LA REINE, *à sa suite.*
Retournons au village, allons, Messieurs, partons !

DON JAPHET.
Et cette fois c'est au roi de Castille
Que je dois mon bonheur !

DON MANOEL, *à part.*
C'est ce que nous verrons !

REPRISE DE L'ENSEMBLE.

DON JAPHET.
Méprise salutaire, etc.
GIRALDA.
O funeste lumière, etc.
LE ROI.
Rencontre tutélaire, etc.
DON MANOEL.
L'adorer et se taire, etc.
LA REINE.
La vérité m'éclaire, etc.
GINÈS.
Tout s'arrange, j'espère, etc.

CHOEUR.
En tout temps si sévère, etc.

(Sur un signe de la reine, don Japhet offre son bras à Giralda qui, tremblante, l'accepte : le roi donne la main à la reine et tous deux se dirigent vers le fond, à droite ; tandis que don Manoel enveloppé de son manteau, suit don Japhet et Giralda qui s'apprêtent à sortir, et qu'il jure de ne pas abandonner.)

FIN DU DEUXIÈME ACTE.

ACTE TROISIÈME.

Le palais de la reine à Saint-Jacques de Compostelle, salon élégant ouvert au fond sur une galerie qui conduit dans les jardins dont on aperçoit l'entrée. Portes latérales : au fond, à gauche, l'oratoire de la reine. De chaque côté du théâtre une table, sur celle de droite est placé un timbre d'argent.

SCÈNE PREMIÈRE.

GIRALDA, *assise près de la table, à droite.*

RÉCITATIF.
La reine, m'a-t-on dit, près de moi va se rendre !
Et par son ordre exprès, ici je dois l'attendre !
A quels nouveaux malheurs dois-je encor m'exposer !
Ce sort que je ne puis connaître, ni briser !
(Se levant.)

AIR.
De cette pompeuse retraite
L'éclat, la royale splendeur,
Hélas ! de mon âme inquiète
Ne peuvent bannir la terreur !
Moi, que mon nom seul condamne
A l'infortune, à l'oubli,
Moi, pauvre et simple paysanne,
Pourquoi me conduire ici !

CAVATINE
Viens, ô mon bon ange !
Entends mes souhaits !
Par un doux échange
Reprends tes bienfaits.
Qu'une autre préfère,
Palais et grandeur !
Rends-moi ma chaumière,
Rends-moi le bonheur !
Pour éviter l'orage
Que j'entends au lointain,
Laisse-moi, du village,
Reprendre le chemin.
Ah ! viens, mon bon ange,
Entends mes souhaits,
Par un doux échange
Reprends tes bienfaits.
(A la fin de l'air, deux dames d'honneur sortent de l'oratoire et font signe à Giralda d'y entrer.)

SCÈNE II.

LA REINE, *entre par le fond avec* DON MANOEL, LES DEUX DAMES *vont au-devant de la reine et lui parlent bas, en lui montrant la porte du fond, à gauche.*

LA REINE, *leur répondant.*

Giralda m'attend dans mon oratoire!.. bien, je la verrai tout à l'heure... J'ai d'abord à parler au seigneur Manoël. (*Les deux dames s'inclinent et se retirent.*)

DON MANOEL, *à part.*

La reine se douterait-elle?..

LA REINE, *à don Manoël.*

Des raisons d'état, vous le savez, vous avaient condamné au berceau... dernier rejeton d'une famille qui, jadis, avait osé aspirer au trône, vous n'avez été épargné qu'à la condition de vous consacrer un jour aux autels... ce jour est arrivé.

DON MANOEL, *à part.*

O ciel!

LA REINE.

Mais l'affection que nous vous portons... et vos goûts, que nous avons cru deviner, nous ont fait choisir pour vous...

DON MANOEL.

Quoi donc, Madame?

LA REINE.

Un ordre qui fût en même temps religieux et militaire... l'ordre de Saint-Jacques, dont nous vous nommons grand-maître!

DON MANOEL.

A moi, un tel honneur?

LA REINE.

Nous réglerons tous ces détails avec le cardinal-légat que nous attendons, et qui a fixé lui-même la cérémonie à aujourd'hui trois heures.

DON MANOEL, *à part.*

Ah! que devenir!

LA REINE.

Mais auparavant... vous savez quelle confiance nous avons en vous... je voulais vous parler... vous consulter...

DON MANOEL.

Sur quoi donc, Madame?

LA REINE.

PREMIER COUPLET.

Je suis la reine, et sous un joug pesant,
A chaque pas l'étiquette m'enchaîne!
Mes jours, mes nuits s'écoulent lentement
Dans l'abandon, dans les pleurs et pourtant...
Je suis la reine.

DEUXIÈME COUPLET.

C'est à Dieu seul, qui me voit et m'entend,
Que je redis mon secret et ma peine!
D'un pur amour, quand mon cœur est brûlant,
Je ne saurais être aimé, et pourtant...
Je suis la reine.

DON MANOEL.

Eh! qui peut troubler le repos de Votre Majesté?..

LA REINE.

Vous le dirais-je... tout excite mon inquiétude, ma défiance... jusqu'à cette aventure d'hier qui me paraît si invraisemblable... Don Japhet d'Atocha, épouser une fermière!

DON MANOEL.

Giralda est fille d'un noble hidalgo qui, ruiné et proscrit...

LA REINE.

En êtes-vous bien sûr?

DON MANOEL.

Oui, Madame!

LA REINE.

N'importe! j'hésite à l'admettre à ma cour.

DON MANOEL.

Et pour quelle raison?

LA REINE.

Une raison, que je ne dirai à personne qu'à vous... J'ai remarqué que le roi regardait cette jeune fille avec une attention...

DON MANOEL.

En vérité!.. mais voilà qui est bien différent!

LA REINE.

N'est-ce pas?

DON MANOEL.

Oui, vraiment.

LA REINE.

Vous, au moins, vous me comprenez!.. Eh bien! voilà pourquoi les aventures d'hier dans ce moulin, ont laissé en mon esprit des doutes qu'à tout prix je veux éclaircir!..

DON MANOEL, *à part.*

Ciel!

SCÈNE III.

LES MÊMES, DON JAPHET *et* GINÈS, *entrant par le fond, puis* LE ROI, *sortant de la première porte à gauche, précédé de deux pages.*

QUINTETTE.

GINÈS, *à don Japhet.*

Eh quoi! me traiter de la sorte!
Un seigneur, manquer à sa foi!
Et vouloir me mettre à la porte!
Ah! c'est trop fort!

DON JAPHET, *à demi-voix.*

Tais-toi! tais-toi!
Car voici la reine et le roi.

GINÈS.

Tant mieux! tant mieux! j'aurai justice!
Devant la reine et le roi!

LA REINE.

Qu'est-ce encor?

DON JAPHET.

Je ne dois pas souffrir que ce bustor
De son babil vous étourdisse.

ACTE III, SCÈNE III.

LA REINE.
Non pas! je veux qu'il parle!
GINÈS.
  Aussi, je le veux bien,
D'autant que volontiers je parlerais pour rien!
(Le roi et la reine viennent s'asseoir tous deux, près de la table, à gauche, pour écouter Ginès, à qui la reine fait signe de parler.)

GINÈS.
  Ce récit est vraiment
  Étrange et surprenant,
  Et sans y rien comprendre,
  Je vais tout vous apprendre,
  Car c'est l'événement
  Le plus intéressant!
Je ne puis affirmer, si celui que j'accuse,
Est sorcier ou démon, ou tous deux à la fois,
Il paraît, disparaît... vous promet, vous abuse,
Il change à volonté de formes et de voix!
Et pour six cents ducats... non que je les réclame,
Ceux-là furent payés..., il vint sournoisement
Marchander et mon nom, et ma place et ma femme,
Avec un son de voix qui m'est encor présent!

DON MANOEL, *à part.*
Taisons-nous, ou sinon c'est moi que l'on condamne!

GINÈS.
Plus tard, dans mon moulin, me prenant par le bras,
Sauve-moi, me dit-il, avec un autre organe,
Que je reconnaîtrais soudain...

LE ROI, *à part.*
  Ne parlons pas!

GINÈS.
Et quand il me promit, l'autre nuit, cent pistoles,
Quand je viens réclamer pour avoir mon argent,
Il ne veut rien donner, et me paie en paroles,
Déguisant de nouveau sa voix et son accent!
Il ne veut plus payer et refuse l'argent!
  Voici l'événement!
  N'est il pas surprenant!
  Moi, sans y rien comprendre,
  J'ai voulu vous l'apprendre!
  Car le récit vraiment,
  M'en semble intéressant!

LA REINE, *au roi.*
  Cette aventure est singulière,
Qu'en pensez-vous, sire?

LE ROI, *à part.*
  Grand Dieu! que faire!
(A la reine, d'un air de doute.)
Hum! hum! hum!

LA REINE, *se levant.*
  Comme moi, vous semblez indécis!
Et vous, don Manoël?

DON MANOEL, *à part.*
  Ah! ma perte est certaine!
(Haut et secouant la tête d'un air indécis.)
Hum! hum! hum! hum! hum!

LA REINE.
  Don Japhet est coupable!

DON MANOEL *se récriant.*
Oh! oh! oh! oh!

LA REINE.
  Alors, et c'est me l'annoncer,
C'est donc l'autre!..
DON MANOEL, *ayant l'air de s'en souvenir.*
Hum! hum!
LA REINE, *se retournant vers le roi.*
  Le pensez-vous aussi!
LE ROI, *d'un air de doute.*
Hum! hum!

LA REINE, *avec impatience.*
  Parlez! l'affaire est-elle donc si grave!
Pour oser en parler ici!

ENSEMBLE.

LE ROI ET DON MANOEL.
  Ah! prenons garde,
  On nous regarde,
  Rien qu'à ma voix,
  Je le prévois,
  Notre secret
  Se trahirait!
  Devant la reine,
  Ah! quelle gêne,
  Mais il le faut,
  Ne disons mot!
  Quel embarras!
  Ne parlons pas.
Non, non, je ne parlerai pas!

DON JAPHET.
  Ah! prenons garde!
  On nous regarde,
  Dans mon effroi,
  Tenons-nous coi!
  Ou mon secret
  Se trahirait!
  Devant la reine,
  Ah! quelle gêne,
  Mais il le faut,
  Ne disons mot!
  Quel embarras,
  Ne parlons pas!
Non, non, je ne parlerai pas!

GINÈS.
  On me regarde!
  Je suis en garde,
  Que cette voix
  Vibre une fois,
  Et ce secret
  Se connaîtrait!
  Devant vous, reine,
  Et souveraine,
  J'ai dit tout haut,
  Tout mot pour mot,
  Et je n'ai pas
  Bronché d'un pas!
Non, non, je ne me trompe pas!

LA REINE.
  Prenons bien garde!

Tous me regarde,
Ici je dois,
Tels sont mes droits,
Savoir les faits
Les plus secrets.
Devant la reine,
Qu'on se souvienne,
Je veux, il faut
Qu'on parle haut !
Je n'aime pas
Ces vains debats.
Parlez ! qu'on ne m'abuse pas.

LA REINE.
Nous connaîtrons plus tard toute la vérité !
(*Montrant Ginès.*)
Que cet homme à l'instant, sire, soit arrêté !
Donnez-en l'ordre !

LE ROI, *effrayé, à part.*
Moi !..
(*Bas, à don Manoël.*)
Veuillez, je vous en prie,
Don Manoël, donner cet ordre ..

DON MANOEL, *bas, au roi.*
Moi.
Donner, tout haut, un ordre, en présence du roi !

LA REINE, *avec impatience.*
Eh bien ! vous hésitez...

LE ROI, *à voix basse.*
Sans doute, chère amie,
L'éclat, en pareil cas, offre quelque danger !
Il vaudrait mieux interroger,
Seul en tête-à-tête cet homme,
(*A part.*)
Qui ne sait rien et qui ne dira rien !
(*Pendant que le roi parle à la reine, don Manoël s'approche de Ginès.*)

DON MANOEL, *à voix basse.*
Quoi, tant de bruit pour cette somme !
(*Lui glissant une bourse dans la main.*)
La voilà... mais tais toi... sinon tremble !

GINÈS, *avec joie.*
Fort bien !
(*Le roi, qui vient de parler à la reine, rencontre, en se retournant, Ginès, qui remonte le théâtre.*)

LE ROI, *bas, à Ginès.*
Cent pistoles, nous disais-tu !
Les voici, mais silence... ou sur-le-champ pendu !

GINÈS, *faisant sauter une bourse dans chaque main.*
Encor !

LA REINE, *qui a réfléchi.*
C'est juste... allons, parlons-lui seule...
(*A Ginès.*)
Avance !

Parle, réponds-moi !

LE ROI, *de l'autre côté.*
Du silence !

LA REINE, *à Ginès.*
Ton récit contient-il toute la vérité ?

GINÈS, *avec embarras.*
Hé ! hé ! hé ! hé ! ho ! hé !

LA REINE.
Jusqu'à lui qui ne veut rien dire !
Parleras-tu ? Ah ! quel martyre !

GINÈS, *de même.*
Hé ! hé ! hé !

LA REINE, *à don Manoël et au roi.*
Qu'en dites-vous ?

LE ROI ET DON MANOEL.
Hé ! hé ! hé !

JAPHET, *à part.*
Qu'ont-ils donc tous !

REPRISE DE L'ENSEMBLE.

GINÈS.
Ah ! prenons garde, etc.

DON JAPHET.
Ah ! prenons garde, etc.

LE ROI ET DON MANOEL.
Ah ! prenons garde, etc.

LA REINE.
Prenez bien garde, etc.

(*Sur la ritournelle, une dame d'honneur sort de la porte, à droite.*)

UNE DAME D'HONNEUR.
Le service de la reine attend pour la toilette.

LA REINE, *avec impatience.*
Et Giralda que je voulais interroger... (*Montrant Ginès.*) Et cet homme que je veux faire parler !

LE ROI.
Sans doute... mais l'étiquette, à laquelle la reine d'Espagne ne peut se soustraire...... l'étiquette avant tout !

LA REINE, *avec ironie.*
Vous y tenez beaucoup aujourd'hui, sire ?..
(*A don Manoël, montrant Ginès.*) Don Manoël, assurez-vous de cet homme... vous m'en répondez... plus tard, je m'occuperai de Giralda et de lui... je rejoins ces dames qui m'attendent. (*Au roi.*) Vous nous suivez, sire ?

LE ROI.
A l'instant même ! (*Don Manoël et Ginès sortent par le fond ; la reine et la dame d'honneur sortent par la porte à droite.*)

~~~~~~

SCÈNE IV.
LE ROI, DON JAPHET.

LE ROI, *à don Japhet, qui veut sortir.*
Deux mots, don Japhet, sur la scène d'hier....
(*A demi-voix.*) J'ai tout compris !

DON JAPHET.
Sa Majesté est bien heureuse !

LE ROI.
J'ignorais, en vous emmenant au moulin, que la meunière fût votre femme.... Vous, de votre

ACTE III, SCÈNE V.

côté, vous avez appelé la reine à votre secours....

DON JAPHET.
Moi, sire, je vous jure...

LE ROI.
C'est de légitime défense.... c'est mari.... c'est très-bien... à vous la victoire... aussi, quelque gentille que soit la meunière, j'y renonce... et pour vous le prouver, à vous, désormais, mon confident, je vous avouerai que j'ai déjà des vues ailleurs... une autre passion commencée... la belle Rosine de Pontevedra !..

DON JAPHET, à part, avec effroi.
O ciel !.. ma femme !.. (Haut, essayant de rire.) Je la connais...

LE ROI.
Parbleu ! je le sais bien... vous allez souvent dans la maison.... voilà pourquoi je vous en parle !

DON JAPHET.
Mais y songez-vous, sire..., une vertu si rigide, si sévère !

LE ROI, souriant.
Oh ! oh ! pas tant

DON JAPHET.
Pas tant !.. comment cela ?

LE ROI.
D'abord, elle meurt d'envie de rester à la cour, où elle est en ce moment... ce qu'elle craint le plus au monde, c'est de retourner dans sa solitude, où elle s'ennuie à la mort... et c'est à ce sujet que je voudrais lui parler... et c'est là ce que je lui écris dans ce petit billet, sans nom, sans adresse.... et qui ne peut la compromettre.

DON JAPHET.
Et Votre Majesté oserait le lui remettre, à elle....

LE ROI.
Moi, que la reine observe sans cesse !.. non pas... mais vous, don Japhet !..

DON JAPHET, avec indignation.
Par exemple !

LE ROI.
Vous qui êtes reçu habituellement chez elle... à moins que cela ne vous contrarie... auquel cas...

DON JAPHET, à part.
Un autre s'en chargerait !.. (Haut.) Du tout, sire, du tout !

LE ROI, lui donnant le billet.
A la bonne heure !.. tenez !..

DON JAPHET.
Quel bonheur !.. (A part.) Ah ! je le tiens!

LE ROI.
Cachez-le donc... car voici déjà la reine qui revient.

SCÈNE V.

LES MÊMES, LA REINE, sortant de la première porte à droite.

LA REINE, avec émotion.
Ah ! c'est un excès de scandale que je ne puis tolérer !.. moi qui voulais que ma cour fût le sanctuaire des principes les plus rigides!

LE ROI.
Est-ce qu'il n'en serait pas ainsi ?.. cela m'étonnerait bien !

LA REINE.
Jugez-en vous-même, sire... Je racontais, devant les dames de mon service et devant quelques dames des environs, le mariage si extraordinaire de don Japhet d'Atocha, avec la fille d'un fermier... quand tout à coup une des dames, devant qui je parlais, pâlit et manque de se trouver mal... c'était une charmante personne, fille unique d'un vieil hidalgo, Annibal de Pontevedra...

DON JAPHET, à part.
Ma femme !

LA REINE.
Laquelle se jette à mes pieds, et me demande justice en m'avouant qu'elle est secrètement mariée depuis trois mois avec ce même don Japhet !

LE ROI, vivement.
O ciel ! et moi qui, tout à l'heure, lui confiais, lui adressais...

LA REINE.
Quoi donc?

LE ROI.
Des compliments sur son autre mariage.

LA REINE, avec indignation.
Deux mariages! deux femmes!

DON JAPHET.
Permettez, Madame... daignez m'écouter!

LA REINE.
Je ne le puis,... crime de bigamie... bigamie à ma cour.... (Frappant sur un timbre qui est sur la table, paraissent don Manoël et plusieurs seigneurs de la cour.) Don Manoël, grand-maître de Saint-Jacques, M. le duc d'Atocha est votre prisonnier... je vous charge de le livrer au Saint-Office !

DON JAPHET.
Il ne manquerait plus que ça... brûlé !.. brûlé vif, pour un crime que je n'ai pas commis...

LA REINE.
Vous osez nier ?..

DON JAPHET, avec chaleur.
Certainement !.. et puisque la vérité est connue... autant l'avouer maintenant à vous, au roi, au monde entier... Eh ! bien oui, je le déclare.. j'ai épousé secrètement Rosine de Pontevedra, mais jamais je n'ai été le mari de Giralda la meunière... jamais ! jamais !..

LA REINE.

Mais, cependant, vous en êtes convenu!..

LE ROI.

Vous êtes parti avec elle, dans votre carrosse!

LA REINE.

Vous l'avez amenée avec vous, cette nuit, au palais...

DON JAPHET, au roi.

Non sire... (À la reine.) Non, Votre Majesté... les apparences sont contre moi... j'ai l'air d'un mari, j'en conviens... mais je ne le suis pas le moins du monde... et si Giralda était ici!..

LA REINE.

Elle y est.

DON JAPHET.

Comment!

LA REINE, montrant la porte au fond, à gauche.

Là! dans mon oratoire. (Sur un signe de la reine, les pages entrent dans l'oratoire chercher Giralda.)

DON JAPHET, avec trouble.

Eh bien, tant mieux! elle-même attestera que si j'ai une femme, ce n'est pas elle... car je n'en ai qu'une, je le jure... rien qu'une... et c'est déjà...

SCÈNE VI.

LES MÊMES, GIRALDA, *sortant de l'oratoire et s'avançant en tremblant, le roi va au-devant d'elle et lui offre la main*, UN DOMESTIQUE.

LA REINE, à Giralda, avec douceur.

Venez, senora, nous tenons à savoir ce qui vous est arrivé depuis hier soir... depuis votre départ de Noya... parlez!

GIRALDA, *timidement*.

Que Votre Majesté daigne m'en dispenser!

LA REINE.

N'êtes-vous pas montée hier soir en carrosse, seule, avec M. le duc d'Atocha!

GIRALDA.

C'est vrai!

DON JAPHET, *vivement*.

Eh bien, oui, j'en conviens... mais au bout de quelques instants, à la traversée d'un bois de sycomores, notre voiture a été arrêtée par une vingtaine de bandits masqués... vingt, pour le moins...

LA REINE, à Giralda.

Est-ce la vérité?

GIRALDA.

C'est possible! je n'en ai aperçu que deux!

DON JAPHET.

Je crois bien... la frayeur l'a empêché... enfin l'un d'eux s'est écrié d'une voix terrible : Giralda, don Japhet est un imposteur! il n'est point votre mari!.. et pendant ce temps, l'autre... (*Se reprenant.*) Les autres brigands, me tenant le poignard sur la gorge, me demandaient : ma femme ou la vie!..

TOUS.

Eh bien!..

DON JAPHET.

J'ai préféré vivre... je suis descendu de voiture, et me suis trouvé seul, la nuit, au milieu des bois, obligé de revenir à pied, jusqu'à la ville, où je ne suis arrivé que ce matin... pendant que l'infâme bandit, qui avait pris ma place dans le carrosse, roulait en tête-à-tête avec Giralda... voilà tout ce que je sais!

LA REINE, à Giralda.

Est-ce vrai!

GIRALDA.

Oui, Madame... et près de ce redoutable inconnu, tremblante, je respirais à peine!

PREMIER COUPLET.

Il a parlé, terreur soudaine!
Sans respirer, je l'écoutais!
Mon sang s'est glacé dans mes veines,
En vain la nuit cachait ses traits!
Au son de cette voix si tendre,
Impossible de se méprendre :
    Mon front pâlit,
    Mon cœur frémit,
    Car, tout me dit
    Que ce bandit
    C'est lui! c'est lui!
    C'est mon mari!
    C'est lui! c'est lui!
    Mon vrai mari!

DEUXIÈME COUPLET.

Pour moi, maintenant tout s'explique,
Et ses discours mystérieux,
Et la façon dont il s'applique
A se dérober à mes yeux!
Quoi! c'est là mon seigneur et maître,
Et celui que j'aimais peut-être!
    Mon front pâlit,
    Mon cœur frémit, etc.

LA REINE, à Giralda, avec bonté.

Achevez, ma fille, achevez!...

GIRALDA.

De honte et d'effroi, j'avais perdu connaissance... j'ignore combien de temps je restai dans cet état... mais lorsque je revins à moi, le jour ne paraissait pas encore, et nous étions aux portes du palais... là, me dit-il, là, près de la reine, est l'asile le plus sûr pour vous... mais, quoi qu'il arrive, je veillerai toujours... En achevant ces mots, et sans que j'aie pu l'en empêcher, il m'a pressée sur son cœur, m'a embrassée, et il a disparu... voilà tout, Madame!

LE ROI, à ses gentilshommes.

C'est fort singulier, Messieurs, fort singulier!..

GIRALDA, *avec émotion.*
O ciel! cette voix!..

LA REINE.
Qu'a-t-elle qui vous étonne!.. et d'où vient votre émotion?

GIRALDA.
Pardon, Majesté... il me semblait l'avoir entendue hier soir, dans un moment...

LA REINE.
Lequel?

GIRALDA.
Je ne sais... je m'abuse sans doute!

DON MANOEL, *à la reine.*
En effet!

GIRALDA, *dont l'émotion redouble.*
O mon Dieu!

DON MANOEL.
Je crois que la senora se trompe!

GIRALDA, *de même.*
Cette voix..

LA REINE.
Encore!.. Toutes les voix produisent sur vous un effet...

GIRALDA.
Dans le trouble où je suis, c'est tout simple!

LA REINE, *à elle-même.*
C'est vrai; plus je pense à cette scène d'hier, et plus je sens naître de soupçons... (*Bas, à don Japhet.*) que vous m'aiderez à vérifier... Nous retournerons ensemble à ce moulin de Tambra aujourd'hui même.

DON JAPHET, *à part.*
Laisser ma femme ici avec le roi!.. non pas!.. (*La reine va s'asseoir à la table à droite. Don Japhet et quelques seigneurs sont groupés autour d'elle. Le roi est assis à la table à gauche et joue aux échecs avec plusieurs gentilshommes. Pendant ce temps, don Manoël s'approche de Giralda, qui est restée au milieu du théâtre dans le plus grand trouble.*)

DON MANOEL, *à Giralda, s'avançant vers elle.*
Comment la senora a-t-elle pensé que cet inconnu qui veillait sur elle sans rien exiger, fût un bandit!..

GIRALDA, *à part.*
Ah! si j'en croyais mon cœur!.. (*Haut.*) Pardon, Monseigneur!..

DON MANOEL.
Que me voulez-vous, senora?

GIRALDA, *le regardant avec bonheur.*
Ah! il me semble que c'est ça.. ou du moins je le désirerais tant!.. (*Timidement.*) Je voulais seulement, avec tout le respect que vous doit une pauvre fille comme moi, vous demander si... vous êtes bien sûr... de ne pas lui...

DON MANOEL.
Je ne comprends pas, senora!

GIRALDA.
C'est juste... Pour me faire comprendre, je n'ai qu'un mot à vous dire... non, je me trompe... deux, que j'ai entendu prononcer hier, et que peut-être m'expliquerez-vous... (*A voix basse.*) « Amour et mystère!.. » (*Regardant don Manoël, qui reste immobile.*) Il n'a pas tressailli... il reste immobile!

DON MANOEL, *froidement.*
Et puis, Senora?..

GIRALDA, *avec douleur.*
Et puis!.. Ah! bien oui, je n'irai pas lui dire le reste... puisque, hélas! ce n'est pas lui!..

UN DOMESTIQUE, *sortant de l'oratoire.*
Le cardinal légat attend Sa Majesté dans son oratoire!

LA REINE, *vivement.*
Le cardinal!.. c'est le ciel qui me l'envoie!.. (*Aux gentilshommes.*) Je ne vous retiens plus, Messeigneurs... (*A Giralda.*) Vous, demeurez!.. (*Les seigneurs sortent.*)

LE ROI, *se levant.*
J'attendrai alors ici Votre Majesté!

LA REINE, *avec colère.*
En vérité!.. (*A part.*) Il reste... il ne craint pas devant moi... (*Bas, à don Manoël.*) Don Manoël, pendant que je m'occuperai de vous avec le cardinal, ne les quittez pas d'un instant, je le veux, je l'ordonne!..

DON MANOEL.
Et Votre Majesté sera obéie, je le jure!

LA REINE.
Don Japhet, mon livre d'heures!

DON JAPHET, *à part.*
Ah! quelle idée!.. (*Il va chercher le livre sur la table à droite, et y glisse le billet que lui a remis le roi, puis il donne le livre à la reine.*)

LA REINE, *à don Manoël.*
Et à trois heures, à trois heures nous vous attendons dans la cathédrale!

DON JAPHET, *à part.*
Et moi, je vais retrouver ma femme, et ne la quitterai plus!.. (*La reine entre dans son oratoire, et don Japhet sort par la porte à droite.*)

SCÈNE VII.

GIRALDA, LE ROI, DON MANOEL, UN AFFIDÉ DU SAINT-OFFICE.

TRIO.

LE ROI, *à don Manoël.*
L'histoire est fabuleuse, admirable, sublime,
N'est-il pas vrai?

DON MANOEL.
Oui, sire.

LE ROI.
Un mari complaisant,
Qui doit être en ces lieux et garde l'anonyme...

DON MANOEL.
Il a tort!
LE ROI.
Oui, sans doute, il a tort d'être absent!
De laisser dans les pleurs aussi gentille veuve!
Notre devoir à nous est de la consoler!
DON MANOEL.
Vous, sire?
LE ROI.
Oh! oui, j'en veux du moins tenter l'épreuve.
(A demi-voix.)
Si tu m'aimes, va-t-en!
DON MANOEL.
Moi, sire, m'en aller!...
Je ne le puis!...
LE ROI.
Comment!
DON MANOEL, *en confidence.*
J'ai reçu de la reine
L'ordre formel de rester là...
De ne pas vous quitter!
LE ROI, *riant*
Bon, je comprends cela.
(*Lui montrant la table, à droite.*)
Eh bien! tu peux dormir, lire ou faire sans peine
Comme si tu n'étais pas là...
(*S'adressant à Giralda, qui, pendant les couplets suivants, a les yeux constamment fixés sur don Manoël.*)
PREMIER COUPLET.
Ange des cieux,
Charme des yeux!
O rose,
Fraîche éclose,
Loin du zéphir
Et du plaisir,
Tu vas languir,
Nul ne vient te cueillir!
L'amour, les grâces
Suivent tes traces!
Et cet amant
Ose être absent!
Comment, hélas!
Fuir tant d'appas!
Qui peut les fuir ne les mérite pas!
(*Pendant ce couplet, don Manoël fait tous ses efforts pour se contenir.*)
GIRALDA, *qui a toujours regardé don Manoël.*
Dans tous ses traits, quelle souffrance!
DON MANOEL, *à part.*
Ah! la rage brise mon cœur!...
GIRALDA, *de même.*
Je sens renaître l'espérance
A voir son trouble et sa fureur!...
DON MANOEL.
Écoutons!...
GIRALDA, *de même.*
Il écoute et tressaille! ô bonheur!
LE ROI.
DEUXIÈME COUPLET.
(*Giralda observe toujours don Manoël.*)
Loin d'un époux
Si peu jaloux,
Prudence
Est folie!

GIRALDA, *parlé, regardant don Manoël.*
Il se lève...
LE ROI, *continuant.*
En peu d'instants
Fuit le printemps,
Usons du temps,
Et malheur aux absents...
GIRALDA, *parlé.*
Il s'avance...
LE ROI, *de même.*
Naïve et belle,
L'amour l'appelle,
Et ce mari
N'est pas ici!
GIRALDA, *parlé.*
Il s'approche...
LE ROI, *de même.*
Comment, hélas!
Fuir tant d'appas!
Qui peut les fuir ne les mérite pas!
(*Le roi a pris la main de Giralda et va pour l'embrasser : don Manoel porte la main à son poignard et fait un pas vers eux : un affidé du Saint-Office entre en ce moment par la porte de l'oratoire: tous trois s'arrêtent. Le roi va au-devant de l'affidé.*)
L'AFFIDÉ DU SAINT-OFFICE, à *demi-voix.*
Sire! il faut que je vous parle!
LE ROI, *à part.*
Cet affidé du Saint-Office, qui m'est dévoué!
L'AFFIDÉ DU SAINT-OFFICE, *de même.*
Un billet doux de Votre Majesté vient de se trouver dans le livre d'heures de la reine!
LE ROI, *à part.*
O ciel! ce livre d'heures, que don Japhet vient de remettre devant moi à la reine... (*A Giralda.*) Pardon, senora, je reviens... (*Bas, à don Manoël.*) Parle-lui pour moi... (*A part.*) Et quant à don Japhet, je vais lui apprendre à se taire! (*Il sort par le fond avec l'affidé du Saint-Office.*)

SCÈNE VIII.
DON MANOEL, GIRALDA.
DUETTO.
DON MANOEL, *avec colère à Giralda.*
O! perfidie!
Qui sacrifie
L'amour et l'honneur d'un époux!
GIRALDA, *à part, avec joie.*
Jaloux! jaloux! jaloux! jaloux!
DON MANOEL, *de même.*
Ivre de plaire!
Heureuse et fière
De voir un prince à ses genoux!
GIRALDA, *de même.*
Jaloux! jaloux! jaloux! jaloux!...
DON MANOEL, *éclatant.*
Oui, je le suis!..
GIRALDA, *poussant un cri de joie.*
C'est lui!.. Dans mon délire

Moi, si j'aspire
Avoir un prince à mes genoux...
DON MANOEL.
Que dites-vous?
GIRALDA.
C'est pour vous dire
Que son empire
Est à mes yeux moins doux que vous.
DON MANOEL, avec joie.
Qu'ai-je entendu?..
Mon secret..
GIRALDA.
M'est connu.
DON MANOEL.
Ton mari...
GIRALDA.
S'est trahi !..
Dissipe ton effroi ;
Je t'entends, je te vois ;
Et mon cœur et ma foi
Sont à toi, rien qu'à toi.

ENSEMBLE.

Amour et mystère,
Ombre tutélaire,
Devise si chère,
Protége nos jours !
Qu'importe l'orage,
Si l'amour m'engage
A toi pour toujours !
DON MANOEL.
L'heure approche, on m'attend aux autels consacrés.
Par des vœux éternels, il faut que je m'enchaîne ;
Il y va de mes jours... Eh bien ! donc, à la reine
J'avoûrai tout ou je mourrai !
GIRALDA.
Non, tu ne mourras pas... ou bien je te suivrai !..
DON MANOEL.
Sans l'aveu de la reine, et sans le Saint-Office,
Ne crois pas que jamais notre hymen s'accomplisse.
Ils nous sépareront ..
GIRALDA.
Jamais ! car j'ai ta foi...
Avec toi je veux vivre ou mourir avec toi !..

ENSEMBLE.

Amour et mystère,
Ombre, etc.
(A la fin de l'ensemble, on entend sonner trois heures.)
DON MANOEL.
Voici l'heure fatale... Adieu, je dois partir...
GIRALDA.
Non, non, rien désormais ne peut nous désunir !
ENSEMBLE, REPRISE.
Amour et mystère, etc.

SCÈNE IX.

Les mêmes, LE ROI, regardant Giralda et don Manoël, d'abord avec étonnement, puis avec gaîté.

LE ROI, à don Manoël, qui presse Giralda sur son cœur.
A merveille ! don Manoël !.. si c'est ainsi que vous parlez pour moi !

DON MANOEL.
Je ne le pouvais, sire... car ce mari qui n'osait se faire connaître... c'est moi !
GIRALDA, montrant don Manoël.
C'est lui !
LE ROI, riant.
Décidément ! je joue de malheur dans mes confidents...
DON MANOEL.
Et rien ne peut nous dérober au courroux de la reine..... rien ne peut nous sauver, je le sais, que ce ruban, sire !.. (Il lui remet l'ordre qu'il lui a donné au deuxième acte.)
LE ROI, riant.
Le mien !.. quoi ! la nuit dernière... c'était lui... (A part.) C'est juste... ce devait être lui !
DON MANOEL.
Le gentilhomme qui me l'a remis, a juré de me défendre !
LE ROI.
Il tiendra sa parole, don Manoël... et ne demande pour toute récompense qu'un baiser de la mariée... (Giralda s'incline devant le roi qui l'embrasse sur le front ; en ce moment, la reine sort de l'oratoire et l'aperçoit.)

SCÈNE X.

Les mêmes, LA REINE.

FINAL.

LA REINE.
Dieu ! qu'ai-je vu !
LE ROI, GIRALDA ET DON MANOEL, à part.
La reine !
LA REINE.
O trahison nouvelle !
Et voilà pourquoi dans ces lieux
Vous tenez tant à rester auprès d'elle !
LE ROI, montrant Giralda et don Manoël.
Pour protéger deux pauvres amoureux.
LA REINE, montrant don Manoël.
Quand l'église l'attend pour recevoir ses vœux,
Oser me soutenir...
LE ROI.
Que pour elle il soupire...
LA REINE.
Ce n'est pas vrai !
LE ROI.
Qu'ils s'adorent tous deux !
LA REINE.
Ce n'est pas vrai !
LE ROI.
Qu'ils n'osent vous le dire !
LA REINE.
Imposture !
LE ROI.
Et qu'ici je vous le dis pour eux.

LA REINE, *avec dépit, montrant Giralda.*
En l'embrassant!...
LE ROI.
Loyalement,
Sans intérêt et chastement!
Demandez-leur plutôt...
DON MANOEL ET GIRALDA.
Nous en faisons serment!
LA REINE, *prenant le roi à part.*
Comment alors m'expliquer cette lettre :
« Dans les jardins de ce palais,
« Ce soir, ma toute belle, au bosquet d'aloès,
« Je vous attends... »
(*Avec impatience.*)
Eh bien!
LE ROI, *froidement.*
Eh bien! à don Japhet
J'avais tantôt prescrit de vous remettre
En secret ce billet,
Et je vois qu'il l'a fait!
LA REINE.
A moi!...
LE ROI.
Vous-même!...
LA REINE.
Un rendez-vous, à moi!...
Par écrit, et pourquoi?
LE ROI.
Pourquoi?...
(*A demi-voix.*)
Pour vous révéler qu'ils s'aiment tendrement!
Demandez-leur plutôt...
DON MANOEL ET GIRALDA.
Nous en faisons serment!
LA REINE, *passant à la table, à droite.*
Tremblez! tremblez!... Malheur à qui m'abuse!
D'un supplice éternel je punirai leur ruse.
(*Elle s'assied et écrit.*)
DON MANOEL ET GIRALDA.
Ah! plus d'espoir! Ah! c'en est fait!
La reine, hélas! a signé notre arrêt!
LA REINE, *au roi, lui faisant signe d'approcher.*
Venez!... et près du mien mettez-là votre nom.
LE ROI, *hésitant et prenant le papier, qu'il lit.*
Qui! moi!...
LA REINE.
Vous hésitez!
(*A part.*)
J'en étais sûre!
LE ROI, *vivement.*
Non!
DON MANOEL ET GIRALDA, *pendant que le roi écrit.*
Ah! plus d'espoir! Ah! c'en est fait!
Le roi lui-même a signé notre arrêt.
(*Pendant ce temps la reine a frappé sur le timbre, toutes les portes s'ouvrent.*)

SCÈNE XI ET DERNIÈRE.

LES MÊMES, DON JAPHET, GINÈS, SEIGNEURS ET DAMES DE LA COUR.

LA REINE, *prenant le papier que le roi vient de signer.*
Écoutez tous...
(*A part.*)
Par leur mensonge extrême
Je punirai les criminels.
(*A haute voix.*)
De l'État, la raison suprême,
(*A don Manoel.*)
Vous condamnait à jamais aux autels ;
Mais par la volonté du roi, par la mienne,
Ces liens sont brisés!
(*Regardant le roi, avec un air de vengeance satisfaite.*)
L'édit, signé par nous,
Vous imposant une autre chaîne,
Veut que de Giralda vous deveniez l'époux!
TOUS.
O bonheur!
DON MANOEL ET GIRALDA, *tombant aux pieds de la reine.*
O bonheur! vous comblez tous nos vœux!
LA REINE, *étonnée, regardant tour à tour le roi et les deux amants.*
Quoi! cet arrêt comble leurs vœux?
LE ROI.
Oui, grâce à vous, ils sont heureux!
LA REINE, *à don Japhet.*
De votre hymen secret je consacre les nœuds,
Demeurez à ma cour, ainsi que votre femme.
DON JAPHET.
O ciel! trop de bonté!... Mais permettez, Madame...
LA REINE.
Je le veux!
LE ROI, *à don Japhet.*
Oui, la reine le veut!
GINÈS, *de même, à don Japhet.*
Oui, la reine le veut!
GIRALDA, *à la reine.*
O reine, par vous brille
La Castille,
Et soudain
Un jour serein
Luit par vous sur mon destin!
Pour mon offrande,
Que Dieu vous rende
Le bonheur,
Qui, par vous, règne enfin sur mon cœur.
CHŒUR GÉNÉRAL.
Vive notre reine!
Qui, par ses bienfaits
A jamais enchaîne
Ses heureux sujets!

FIN.

EN VENTE CHEZ LE MÊME ÉDITEUR :

- l'Alcale.
- Un Monstre de Femme.
- La Jeunesse de Charles Quint.
- Le Vicomte de Létorières.
- Les Fées de Paris.
- Pour mon Fils.
- Lucien.
- Les Folies Filles de Stilberg.
- L'Enfant du Chœur.
- Le Grand Pelotain.
- La Tante mal Gardée.
- Les Cirons tracés attenantes.
- La Chose aux Vautours.
- Les Eatipaillonnes.
- Une Femme sous les Scellés.
- Les Aides de Camp.
- Le Mari à l'essai.
- Chez un Garçon.
- Sabat's Club.
- Mérouée.
- Les deux Couronnes.
- Le Croissant d'Argent.
- Le Château de la Roche-Noire.
- Mon illustre Ami.
- Palma en causé.
- L'Omelette Fantastique.
- La Dragonne.
- La Sœur de la Reine.
- La Vendetta.
- Le Poète.
- Les Informations Coolophes.
- Le Loup dans la Bergerie.
- L'Hôtel de Rambouillet.
- Les deux Impératrices.
- La Caisse d'Épargne.
- Thomas le Régeur.
- Derrière l'Alcôve.
- La Villa Dufol.
- Péroline.
- La Femme à la Mode.
- Les égarements d'une Canne et d'un Parapluie.
- Les deux Arcs.
- Foliquet, coiffeur de Dames.
- L'Anneau d'Argent.
- Recette contre l'Embonpoint.
- Don Pascale.
- Mademoiselle Déjaret au Sérail.
- Toubouloubou le Cruel.
- Hermance.
- Les Canots.
- Entre Ciel et Terre.
- La Fille de Figaro.
- Métier et Quenouille.
- Angélique et Médor.
- Isis.
- Suicide en Famille.
- L'autre Part du Diable.
- La Chasse aux Belles Filles.
- La Salle d'Armes.
- Une Femme compromise.
- Patience.
- Madame Roland.
- L'Enlèvement de Caméos.
- Les Réparations.
- Mariage du Gamin de Paris.
- Veille du Mariage.
- Paris bloqué.
- Un Ménage Parisien.
- Le Bonbonnière.
- Adieu.
- Pierre le Millionnaire.
- Carlo et Carlin.
- Le Moyen le plus sûr.
- Le Papillon Jaune et Bleu.
- Une Séparation.
- Le roi Dagobert.
- Frère Colliére.
- Vicaire à Paris.
- Le Troubadour-Omnibus.
- Un Mystère.
- Le Billet de faire part.
- Pulcinella.
- Florine.
- La Sainte-Cécile.
- Follette.
- Deux Filles à Marier.
- Monseigneur.
- A la Belle Étoile.
- Un Ange intéterre.
- Ce Jour de Liberté.
- Wallace.
- L'Écolier d'Oxford.
- L'Oiseau du Bocage.
- Pa is à tous les Diables.
- Une Actrice.
- Madame de Cérigny.
- Le Fiacre et le Parapluie.
- Morale en action.
- Liberté Liberatys.
- L'Ile du Prince Toston.
- Mimi Pinson.
- L'Article 170.
- Les deux Vicars.
- Les deux Pierrots.
- Seigneur des Bevassailles.
- Deux Tambours.
- Constant la Girouette.
- L'Amour dans tous les Quartiers.
- Madame Bagolin.
- Petit Poucet.
- Caméas.
- Escadron Volant.
- Le Lansquenet.
- Une Voix.
- Agata Bernac.
- Amours de M. Denis.
- Porthos.
- La Pêche aux Beaux-Pères.
- Révolte des Marmousets.
- Le Troisième Mari.
- Un Premier Souper.
- L'Homme à la Mode.
- Une Confidence.
- Le Méditeur.
- L'Almanach des 25,000 Adresses.
- Une Histoire de Voleurs.
- Les Murs ont des Oreilles.
- L'Enseignement Mutuel.
- Le Charbonnière.
- Le Code des Femmes.
- On demande des Professeurs.
- Le Pot aux Roses.
- La Grande et les Petites Nourries.
- L'Enfant de la Maison.
- Riche d'Amour.
- La Comtesse de Moranges.
- L'Amasme.
- La Gloire et le Pot-au-Feu.
- Les Femmes de terre malades.
- Le Marchand de Marrons.
- Vi ce qui vient d'paraitre.
- La Loi salique.
- Sauge ou Sain.
- L'Eau et le Feu.
- Beaupaillard.
- Mardi Gras.
- Le Retour du Conscrit.
- Le Mari perdu.
- Dieux de l'Olympe.
- Le Carillon de Saint-Mandé.
- Geneviève.
- Mademoiselle ma Femme.
- Vol du Pays.
- Veuve de quinze ans.
- Garde-Malade.
- Fruit défendu.
- Un Cœur de Grand'Mère.
- Nouvelle Clarisse.
- Place Ventadour.
- Nicolas Poulet.
- Roch et Lut.
- La Protégée sans le savoir.
- Une Fille Terrible.
- La Plantée à Paris.
- L'Homme qui se cherche.
- Maître Jean.
- Ne touches pas à la Reine.
- Une année à Paris.
- Amour et Bibéron.
- En Carnaval.
- Bal et Bastringue.
- Un Bouillon d'onze heures.
- Cœur de Biberoch.
- D'Arcada.
- Partie à Trois.
- Une Femme qui se jette par la fenêtre.
- Avocat Pédicure.
- Trois Paysans.
- Change aux Jobards.
- Mademoiselle Grabatot.
- Père d'occasion.
- Croquixzole.
- Le chevalier de Saint-Remy.
- Malheureux comme un Nègre.
- Un Vœu de jeune Fille.
- Secours contre l'Incendie.
- Chapeau Gris.
- Sans Lot.
- Le Sphinx du Luxembourg.
- Hymne Sanguin.
- La Fille obéissante.
- Oasis.
- La Croisée de Bertha.
- La Fillette à Nicot.
- Les Charpentiers.
- Mademoiselle Fariboles.
- Un Cheveu blond.
- Les Impressions de Ménage.
- L'Homme aux 164 Millions.
- Pierre Posthume.
- La Dévote.
- Une Existence désolorée.
- Elle... ou la Mort?
- Didier l'Honnête Homme.
- L'Enfant de quelqu'un.
- Les Chroniques Bretonnes.
- Hoydée ou le Secret.
- L'Art de ne pas donner d'Étrennes.
- Le Puff.
- La Tueuse de Cartes.
- La Nuit de Noël.
- Christophe le Cordier.
- Le Roi de Prusse.
- Les Barricades de 1848.
- 24 Francs! on sipon!...
- La Fille de Matelot.
- Les deux Pommades.
- La Femme blessée.
- Les Filles de la Liberté.
- Hercule Belhomme.
- Don Quichotte.
- L'Académicien de Pontoise.
- Ah! Epha!
- La Marquise d'Aubray.
- Le Gentilhomme campagnard.
- Les Peureux.
- Le Chevalier de Beauvoisin.
- Le Gentilhomme de 1847.
- La Rue Quincampoix.
- L'Ange de ma Tante.
- La République de Platon.
- Le Club des Maris.
- Oscar XXVIII.
- Une Chaîne Anglaise.
- Un Petit de la Mobile.
- Histoire de rire.
- Le Serpent de la Paroisse.
- Agénor le Dangereux.
- Roger Bontems.
- L'Été de la Saint-Martin.
- Jeanne la Folle.
- Les suites d'un Feu d'Artifice.
- O Amitié!... ou les trois Époques.
- La Propriété, c'est le Vol.
- La Poule aux Œufs d'Or.
- Élevés ensemble.
- L'Hôtellerie de Gurbe.
- A bas la Famille ou les Banquets.
- Daniel.
- Le Voyage de Nouvelle.
- Titine à la Cour.
- Le héros de Castel-Sarrasin.
- Madame Morsoffe.
- Un Gendre aux Épinards.
- Madame veuve Larida.
- La Reine d'Vsetot.
- Les Mouchettes d'un Vilain.
- Le Duel aux Mouchettes.
- Les Filles du Docteur.
- Un Turc pris dans une pôte.
- Les Grenouilles.
- Ce qui manque aux Grisettes.
- La Poésie des Amours et...
- Les Viveurs de la Maison-d'Or.
- Un Troupier dans les Confitures.
- Ma Tabatière.
- Gracioza.
- E. H.
- Troupe-la-Balle.
- Un Vendredi.
- Le Gibier du Roi.
- Breda Street.
- Adrienne Lecouvreur.
- Sans le Vouloir.
- Les Femmes socialistes.
- Le Mobilier de Bamboche.
- Les Beautés de la Cour.
- La Famille.
- Thurlaberia.
- Un Chretien.
- L'Âne St-Baptiste.
- Les Prodigalités de Bernadette.
- Les Bourgeois des Métiers.
- La Graisse de Mousquetaires.
- Les Faubourgs de Paris.
- La Montagne qui accouche.
- Le Juif-Errant.
- Adrienne de Carotteville.
- Un Sixial:ste en Province.
- Le Maria de la Garde.
- Une Femme qui a une Jambe de bois.
- Mauricette.
- Une Semaine à Londres.
- Le Cauchemar de son propriétaire.
- La Marquise de ... rebas.
- La Ligue des Amants.
- Les Sept Billets.
- Pam-temps de Duchesse.
- Les Cascades de Saint-Cloud.
- Lorettes et Aristos.
- Les Compatriotes.
- Un Tigre du Bengal.
- Le Cousin de la Patt.
- Les Représentations en vacances.
- Les Grands Écoliers en vacances.
- Un Intérieur comme il y en a tant!
- Le Moulin Joli.
- La Rue de l'Homme armé.
- La Fée aux Roses.
- Gabet.
- Un Libéré en sarrage.
- Evelyne.
- Trameau.
- Mademoiselle Corillon.
- L'Héritier du Csar.
- Rhum.
- Les Amulés.
- Les Fredaines de Trouvard.
- Les Partageux.
- Daphnis et Chloé.
- Malbranche.
- La fin d'une République.
- La Croix de Saint-Jacques.
- Paris sans Impôts.
- Un Quinze-Vingt.
- Les Gardes Françaises.
- Les Vignes du Seigneur.
- La Perle des Servantes.
- Un Ami malheureux.
- Un de perdu, une de retrouvée.
- La République des Lettres.
- Figaro en prison.
- La Dame de Trèfle.
- Le Ver luisant.
- Les Secrets du Diable.
- Deux vieux Papillons.
- La Mariée de Poissy.
- L'Homme aux Souris.
- Le Baiser de l'Étrier.
- Héloïse et Abailard.
- Une Veuve inconsolable.
- L'Homme au petit Manteau bleu.
- A la Bastille.
- Jean Bart.
- Les Pupilles de dame Charlotte.
- Le Jour de Charité.
- Un Enfant.
- Les Bains de Roi.
- Les Sociétés secrètes.
- Le Chevalier de Serrigny.
- Les Pailles rompues.
- C'en était à.
- Les trois Dondon.
- Girolda.
- La première chasse de Gallet.
- Méphistophélès.
- L'Alchimiste.
- Le père Nourricier.
- Grammont embêté par Raoul.
- La Société du Doigt dans l'Œil.
- L'Hôtesse de Saint-Éloy.
- La Pile bien gardée.
- Le Jour et la Nuit.
- Plaisir et Charité.
- Marié au second Garçon au cinquième.
- Un Bal en robe de chambre.
- N. Coiffé.
- Le Ménage de Rigolette.
- Le Pont Cassé.
- Un Valet sans Livrée.
- Le Paysan.
- Charles le Téméraire.
- L'Anneau de Salomon.

LAGNY — Imprimerie de VIALAT et Cie.

Contraste insuffisant
NF Z 43-120-14

www.ingramcontent.com/pod-product-compliance
Lightning Source LLC
Chambersburg PA
CBHW060704050426
42451CB00010B/1261